Von der Handelsschule zum IT-Kompetenz-Zentrum

Lothar Beinke/Cornelia Frerichs/Michael Szewczyk

Von der Handelsschule zum IT-Kompetenz-Zentrum

Unter Mitarbeit von Ralf Korswird,
Christof Müller, Heiner Oortmann, Gerald Pfrötschner,
Boris Schröder

PETER LANG
Frankfurt am Main · Berlin · Bern · Bruxelles · New York · Oxford · Wien

Bibliografische Information der Deutschen Nationalbibliothek
Die Deutsche Nationalbibliothek verzeichnet diese Publikation
in der Deutschen Nationalbibliografie; detaillierte bibliografische
Daten sind im Internet über <http://www.d-nb.de> abrufbar.

ISBN-10: 3-631-56238-1
ISBN-13: 978-3-631-56238-3
© Peter Lang GmbH
Europäischer Verlag der Wissenschaften
Frankfurt am Main 2007
Alle Rechte vorbehalten.

Das Werk einschließlich aller seiner Teile ist urheberrechtlich
geschützt. Jede Verwertung außerhalb der engen Grenzen des
Urheberrechtsgesetzes ist ohne Zustimmung des Verlages
unzulässig und strafbar. Das gilt insbesondere für
Vervielfältigungen, Übersetzungen, Mikroverfilmungen und die
Einspeicherung und Verarbeitung in elektronischen Systemen.

www.peterlang.de

Dass berufliche Schulen und Betriebe und allgemeinbildende Schulen miteinander arbeiten und voneinander lernen, ist eine relative (erreichbare) Utopie.
(Nach Karl Mannheim)

Vorwort

Mit dieser Broschüre wird ein bildungspolitisches Programm vorgelegt. Es entstand aus den Ansprüchen, die an die Berufsbildenden Schulen gestellt werden und auf die zunehmend Druck ausgeübt wird, das Ausbildungsniveau sowohl in den IT-Berufen als auch in Berufen mit IT-Ausbildungsanteilen derart auszugestalten, dass diese den technischen Erfordernissen der Ausbildungsbetriebe gerecht zu werden vermögen. Die Berücksichtigung des technischen Ausbildungsstandards korrespondiert nun derart direkt auch mit dem Gesamt der Berufsausbildungsinhalte, dass weitergehende Reflektionen unausweichlich sind. Diese werden mit der Berücksichtigung des gegenwärtigen Forschungsstandes der korrespondierenden wissenschaftlichen Disziplinen aufgenommen. Die Integration in ein reformorientiertes Schulmodell – gemeinsame Außenstelle zweier kaufmännischer berufsbildender Schulen unter Beibehaltung der Selbständigkeiten – hat mit organisatorischen, technischen und curricularen Innovationen einen Modellcharakter, der mit dieser vorgelegten Broschüre als programmatischer Aspekt eines Modellversuches unterstrichen werden soll.

Die Herausgeber

Inhaltsverzeichnis

IT-Kompetenzzentrum als Kombination von Berufsausbildung im Dualen System, der hinführenden Berufsorientierung und der Weiterbildung	11
Geschichte der kaufmännischen berufsbildenden Schulen	17
Die Ausbildung in kaufmännischen Berufen in Osnabrück	20
Einordnung des Modells in den Vorgang ökonomisch-kaufmännischer Bildung	23
Vom Verzahnungsstrukturmerkmal des Modells hin zur allgemein bildenden Schule	27
Wissenschaftstheoretische Eingrenzung	28
Gesellschaftlich-ökonomische Veränderungen als Fachbasis für ein IT-Modell	32
Entwicklung eines Modellversuchs (MV) als Gelenkstelle zwischen vorberuflicher Bildung und hin zur Weiterbildung über die Berufsausbildung als Zentrum	40
Berufsorientierung	47
Der Modellversuch von der vorberuflichen Bildung hin zur Weiterbildung	50
- Übergang von der allgemein bildenden Schule in die Berufsbildung	51
- Berufsorientierung unter den Gesichtspunkten veränderter Tätigkeitsmerkmale in den konkreten Arbeitsbedingungen	52
- Berufsfachschule	54
- Adaption des Modells Berufsfachschule als Ansatzpunkt für die Entwicklung einer Gelenkstelle im IT-Kompetenzzentrum	56
- Struktur und Funktion der „Gelenkstelle"/„Schnittstelle"	58
Die beiden Schulen stellen sich vor	63
- Berufsbildende Schulen der Stadt Osnabrück am Pottgraben	63
- Berufsbildende Schulen der Stadt Osnabrück am Schölerberg	70
Die Praxis Die Schulen nehmen Stellung zum neuen IT-Kompetenzzentrum	77
- Grundsätzliches zum Berufsbild	81
- Ein IT-Kompetenzzentrum für die „Höhere Handelsschule"?	87

- Die Ausbildung der ReNo-Fachklassen im IT-Kompetenzzentrum 92
- Berufsfachschule Kaufmännische Assistentin/Kaufmännischer
  Assistent für Wirtschaftsinformatik 96
- Einjährige Berufsfachschule – Informatik 100

Weiterbildung 104

Zusammenfassung des Modellansatzes – Resümee 113

Literaturverzeichnis 115

Autorenverzeichnis 121

IT-Kompetenzzentrum als Kombination von Berufsausbildung im Dualen System, der hinführenden Berufsorientierung und der Weiterbildung

Die Ausgangslage für die Entwicklung eines Modells

Im Juli 2004 wurde von Dobischat/Habel[1] ein Gutachten, das von der Stadt Osnabrück und dem Landkreis Osnabrück in Auftrag gegeben war, u.a. auch mit Empfehlungen zur „IT-Berufsschule" vorgelegt.

Die Stellungnahme zur Gründung eines IT-Kompetenzzentrums in Osnabrück aufgrund der Analyse sowohl in der Region als auch in der Bedarfsfeststellung für entsprechende Berufstätigkeit und Arbeitsplätze und hinsichtlich der Prognose wurde im Laufe der Diskussion erheblich verändert und zu einem eigenen konstruktiven Modell um- und weiterentwickelt.

Es gab verschiedene Gründe dafür, sich dieser Entwicklung zu entziehen, deren Strukturen maßgeblich für die Konzipierung des hier mit vorgelegten Modells geworden sind. Das war einmal die Forderung des Hauptausschusses des BiBB, keine neuen Gremien für die Organisation der beruflichen Bildung zu schaffen. D. h. die Systeme der Teilzeitberufsschulausbildung und der Vollzeitberufsschulausbildung blieben die Voraussetzungen für die Gestaltung der Entwicklung. Zum anderen waren es die Vorgaben von „Bologna".

In der Berufsbildungspolitik hat der Prozeß der Veränderungen, wie er sich im System universitärer Strukturen nach Bologna andeutet, bereits begonnen. Seine weiteren Phasen können von den Strukturen der neuen IT-Aus- und Weiterbildungsberufe übernommen werden, die als Muster für das ganze System dienen können.

Strukturbegründungen für das IT-Modell im Europäischen Qualifikationsrahmen in Osnabrück[2]

Die Weichenstellung, die das Eckwertepapier der BLK zur Reform der beruflichen Bildung vorgenommen hat (Flexibilisierung – Durchlässigkeit) ist eine zukunftsorientierte Voraussetzung für das System der beruflichen Aus- und Weiterbildung, die durch die Novellierung des BBiG rechtlich verankert ist.

---

[1] Dobischat, Rolf/Habel, Werner/Stender, Axel/Bolk, Patrick, Schulentwicklungsplan für die Stadt und den Landkreis Osnabrück – Berufsbildendes Schulwesen
[2] Eckert, Manfred/Friese, Marianne, Schwierige Lernsituationen gestalten, in: berufsbildung, 59. Jg., Juni 2005, Heft 93

Auf der Basis des Eckwertepapiers wird es möglich, ein Modell für die IT-Berufsausbildung zu entwickeln, das betriebsspezifische, individuelle und differenzierte Ausbildungsziele angeht und die Kooperationsbreite der Lernortverbünde neu justieren kann.

Das bisher angedeutete Modell der Zentralstellung des IT-Ansatzes zwischen der beruflichen Vorbildung und der vorberuflichen Bildung einerseits und den vielfältigen Formen der Weiterbildung und Weiterqualifizierung andererseits ermöglicht Anerkennungen von Vor- und Zusatzqualifikationen, Einrichtungen von Stufenausbildungen und Anerkennung von Qualifizierungsbausteinen und der Integration der „Berufsausbildungsvorbereitung". (E/F) Zielperspektive ist die Verknüpfung von dualen und vollzeitschulischen Ausbildungsprinzipien.

Zum Erfolg ist dazu zwingend, dass eine „Form radikaler Individualisierung der pädagogischen Lernsituationen" erfolgt. Die Flexibilisierung fordert eine klare Steuerung der Systemveränderung durch die Politik, diese bedarf der modellhaften Vorarbeit, die mit unserem IT-Zentrum geschaffen werden kann.

Innerhalb der vorhandenen Strukturen – so Werner Dostal – sollten „die neuen Chancen, die sich in diesen neuen Berufsfeldern (der vorhandenen IT-Berufe – LB) abzeichnen, nur dann genutzt werden, wenn eigene Wege begangen und beschritten werden."
Mit diesen Worten beschreibt Dostal[1] für die IT-Berufe die Notwendigkeit – für die bestehenden, für die kommenden Berufe mit IT-Inhalten – die Ausbildung in speziellen berufsbildenden Einrichtungen anzustreben, die von den Interessenten absolviert werden müssen.

Diese Aussage basiert nicht nur auf den vorhandenen und sich ausweitenden und ständig stärker genutzten neuen Technologien, Dostal belegt seine Forderung auch mit den gegenwärtigen und prognostizierbaren Verhältnissen am Arbeitsmarkt. „Die Informations- und Kommunikationstechnikindustrie beschäftigt derzeit etwa 750.000 Arbeitnehmer/innen. Bis 2010 wird eine Zahl von 1 Million erwartet."[2] Diese Zahlen seien ein Schätzwert. Bei Mitberücksichtigung des Multimediabereiches müßte man sogar von 1,7 Millionen Arbeitsplätzen zusätzlich ausgehen. Wie wichtig für die Zukunft dieser Bereich und die Ausbildung qualifizierter Kräfte ist, wird aber erst dann in voller Bedeutung klar, wenn man berücksichtigt, dass die Arbeitsmarktpolitik davon ausgeht, dass 75.000 IT-Fachleute fehlen. Immerhin handelt es sich hierbei um ein attraktives Berufsfeld.

---

[1] Dostal, Werner, Hoffnungsträger IT, Neue Berufe – Neue Chancen?, in: Schule 2000, Arbeit, Wohnen, Seelze, Seite 82-86
[2] ebenda, S. 82

Dostal referiert und kritisiert die bisherige Haltung der IT-Lieferanten und der IT-Nutzer, die einen weiteren Ausbau der Kernausbildung auf diesem Gebiet für nicht erforderlich halten, da dieser an Computerfachleuten langjährig nicht stabil bleiben werde und der Bedarf auf dem Wege der Weiterqualifizierung gedeckt werden könne.
Die Veränderungen, die Anpassungsprozesse der Ausbildung auch innerhalb betrieblicher Organisation fordern, beschreiben Kühlewein u. a. als Paradigmenwechsel in der Organisationslehre. Sie verstehen darunter die „Reintegration arbeitsteiliger Abläufe in eine prozeßorientierte Organisation". Die Prozessorientierung verlangt einen veränderten Einsatz von IT-Systemen. Neben der Forderung nach schneller Verfügbarkeit von Informationen steht auch die Forderung nach Optimierung der Informationsflüsse.[1] Die Lösung liegt beim Software-Ingenieur für die Informations- und Kommunikationstechnik,[2] da die heutige Informations- und Kommunikationstechnik in der Lage ist, benötigte Informationen zu jeder Zeit in gewünschtem Umfang am geforderten Arbeitsplatz zur Verfügung zu stellen.[3] Damit ist es dann möglich für den gewünschten Erfolg von Unternehmen, in Zukunft Prozeß- und Strukturveränderungen kurzfristig vornehmen zu können[4] und damit alle Vorgänge in Kooperation mit dem jeweiligen Kunden zu integrieren.[5]
„Mit der steigenden Komplexität in der Informationsverarbeitung und mit immer höheren Anforderungen an die Qualität der Lösungen mit der weltweiten Vernetzung im Internet und mit neuen Aufgabenfeldern in Multimedia und E-Commerce ist in den letzten Jahren das Bewußtsein gewachsen, dass es doch der Fachleute mit einer soliden Informatik-Grundausbildung bedarf."[6]

Aufgrund dieser Analyse fordert Dostal und begründet es, dass in eine grundlegende umfassende IT-Ausbildung investiert werden müsse, um den zu erwartenden und auch schon gegenwärtig spürbaren Bedarf decken zu können. Außerdem fürchtet er, wenn weiterhin lediglich auf die Weiterbildung gesetzt würde, dass das einer „Beruflichkeit" für die Tätigkeiten in diesem Bereich entgegen stünde „mit allen Folgen unprofessionellen Arbeitens und Schwierigkeiten auf dem Arbeitsmarkt".[7] Dostal sieht seine Forderung nicht im Gegensatz zu den Bemühungen, Weiterbildungsmaßnahmen durchzuführen; vielmehr sieht er die

---

[1] Kühlewein, Claus/Ziebritzki, Burkhard, Haan-Gruiten 2003
[2] Balzert, Helmut, Lehrbuch der Software-Technik: Software-Management, Heidelberg, Berlin 1998, S. 691
[3] ebenda, S. 692
[4] Rummler, Dieter, Allgemeine Trends in der Informationsgesellschaft, Vorl. Manuskr., Deggendorf 2000/2004, S. 4
[5] ebenda, S. 5
[6] ebenda, S. 83
[7] ebenda

Notwendigkeit, Bemühungen auf allen Ebenen beruflicher Ausbildung vorzunehmen.

Weitere Überlegungen sind von den Schulen, die das Modell realisieren wollen, in der Absicht aufgenommen worden, ein Modell IT-Kompetenzzentrum zu konzipieren. So z. B. die Notwendigkeit, die IT-Grundausstattung den erforderlichen Notwendigkeiten anzupassen und eine Kooperation der beiden kaufmännischen berufsbildenden Schulen in Osnabrück zu begründen.

Allen diesen Stellungnahmen ist gemeinsam, dass sie in Abweichung von o. g. Gutachten zu einer konstruktiven Haltung und Neukonzipierung beitragen. So auch die Prognose, dass die IT-Berufe und die Vollzeit-IT-Bildungsprogramme im Bereich der beruflichen Schulen nicht durch Fachhochschulausbildung und universitäre Ausbildung substituiert werden würden.

Als ein besonders wichtiger Aspekt wird der im Gutachten nicht artikulierte Zusammenhang zwischen erforderlicher fachlich/sachlicher Ausstattung und der didaktischen Strukturierung angesehen, der besonders für die Schaffung eines Modells zur Erprobung solcher Schritte beitragen soll. Sie muß den Spezifika Rechnung tragen, die sich aus den fundierten Prognosen z. B. Dostals erwarten lassen.

Es bleibt als besonders wichtiges Strukturmerkmal, dass der Kern des Modells die Ausbildung in den Ausbildungsberufen im Dualen System betont, ohne die vollzeitschulische IT-orientierten Bildungsprogramme zu vernachlässigen. Sowohl mit diesem Kern als auch mit den angrenzenden Bereichen der vorberuflichen Bildung/Berufsorientierung im allgemeinbildenden Schulwesen und den angrenzenden Bereichen im Output-System der Weiterbildung ergibt sich, dass eine sehr wichtige Kompetenzvermittlung beruflicher Art den Umgang mit dem Neuartigen der IT-Berufe und mit allgemeinberuflichen Anforderungen verbindet – eine Statik der Ausbildung ist zu vermeiden. Die prozessuale berufliche Handlungskompetenz wird künftig in Permanenz gebraucht und befähigt nicht nur den Umgang mit dem „Neuen", es befähigt auch, dieses Neue mitgestalten zu können.

Diese Einschätzung sieht Hermann Giesecke[1] als gültig für die gegenwärtige Gesellschaft. Diese fordere weiterhin steigend immer weitere Lernanstrengungen – Erhöhung des Lernpensums – die nicht von der Schule bestimmt werden, sondern durch das Leben in unserer Zeit.

Denn die Schule sehe diese Veränderungen nicht – sie verstehe sie nicht – halte vielmehr am Konstrukt der „Pädagogischen Provinz"[2] fest, in der das Lernen

---

[1] Giesecke, Hermann, Wozu ist die Schule da?, Stuttgart 1996, S. 65
[2] S. Abel, Heinrich, Berufsvorbereitung als Aufgabe der Pflichtschule, in: Berufserziehung und beruflicher Bildungsweg, hrg. von Stratmann/Groothoff, Braunschweig 1968. Man könnte hinzufügen, dass das Modell der natürlichen Erziehung, das Rousseau im Emile vorstellte, aus dem Denken der

„für das Leben" in isolierten Räumen antizipierend angelegt sei. Wenn man weiterhin versuchen sollte, die pädagogische Provinz, so wie sie sich jetzt bietet, bestehen zu lassen, dann bedeutet das – auch im Anschluß an Neil Postman - dass es dann zu einer Infantilisierung käme, weil die um die Schule herum bestehenden Verhältnisse isoliert werden, für die Kinder zurechtgestutzt werden. Die verlängerte Ausbildungs- und Studienzeit entfremdet die junge Generation zunehmend von den realen Anforderungen des Berufslebens.

Für Heinrich Abel – vielfach als Vater der Arbeitslehrekonzeption genannt – waren diese Defizite ein besonderer Grund für seine grundlegenden Arbeiten an der Formulierung des Reformkonzeptes des Deutschen Ausschusses für das Erziehungs- und Bildungswesen. Ironisch beklagte er, dass es für Schulpädagogen „nicht leicht" sei, sich von traditionellen Vorstellungen und Theorien zu lösen. Damit meinte er gerade auch das Denkmodell der „Pädagogischen Provinz" und die Gegenüberstellung „zweckfreier Allgemeinbildung" und „pragmatischer Berufsausbildung".

Der Ruf nach Praxisorientierung bis in die Universitäten hinein wird nicht nur von den Abnehmern der Absolventen, sondern auch von den Studenten und Absolventen selbst erhoben. Sie seien der schulischen Instruktion überdrüssig, wollten endlich durch handfeste und ernsthafte Aufgaben herausgefordert werden.[1] Unser Modell wirkt der o. g. Infantilisierungsgefahr entgegen, was auch in der Grafik auf Seite 13 zum Ausdruck kommt, die wir erläutern. Wir haben im Text der folgenden Kapitel, dort, wo der Bezug von Modellteilen zur Grafik besonders deutlich wird, interpretierend auf diese hingewiesen (s. S. 37, 40, 58).

Die Kompetenzen, die künftig besonders in IT-Berufen gefordert sind, sind nicht durch traditionsgelenkte, fachlich unbegründete Grenzziehung weder willkürlich durch Ziehung von Fächergrenzen noch aus überkommenen und von alten übernommenen Strukturvorstellungen[2] oder durch Abgrenzungen und Zuordnungen zu Schulen nach gewerblich/ technischen oder kaufmännisch/ verwaltenden zu vermitteln, sondern durch die modellhafte Konstruktion einer Gelenkstelle.

Pädagogen entschwunden ist. Vielleicht gerade deshalb, weil Rousseau eine Extremform der Pädagogischen Provinz – ein Modell der Pädagogischen Provinz – entwickelt hat – s. dazu Oelkers, Jürgen, Theorie der Erziehung, Weinheim/Basel 2001, S. 47

[1] Giesecke, a.a.O., S. 81 und 83
[2] Als Beispiel für die Zuordnung von Tätigkeit gilt die Abgrenzung der Berufe: Tischler und Zimmermann

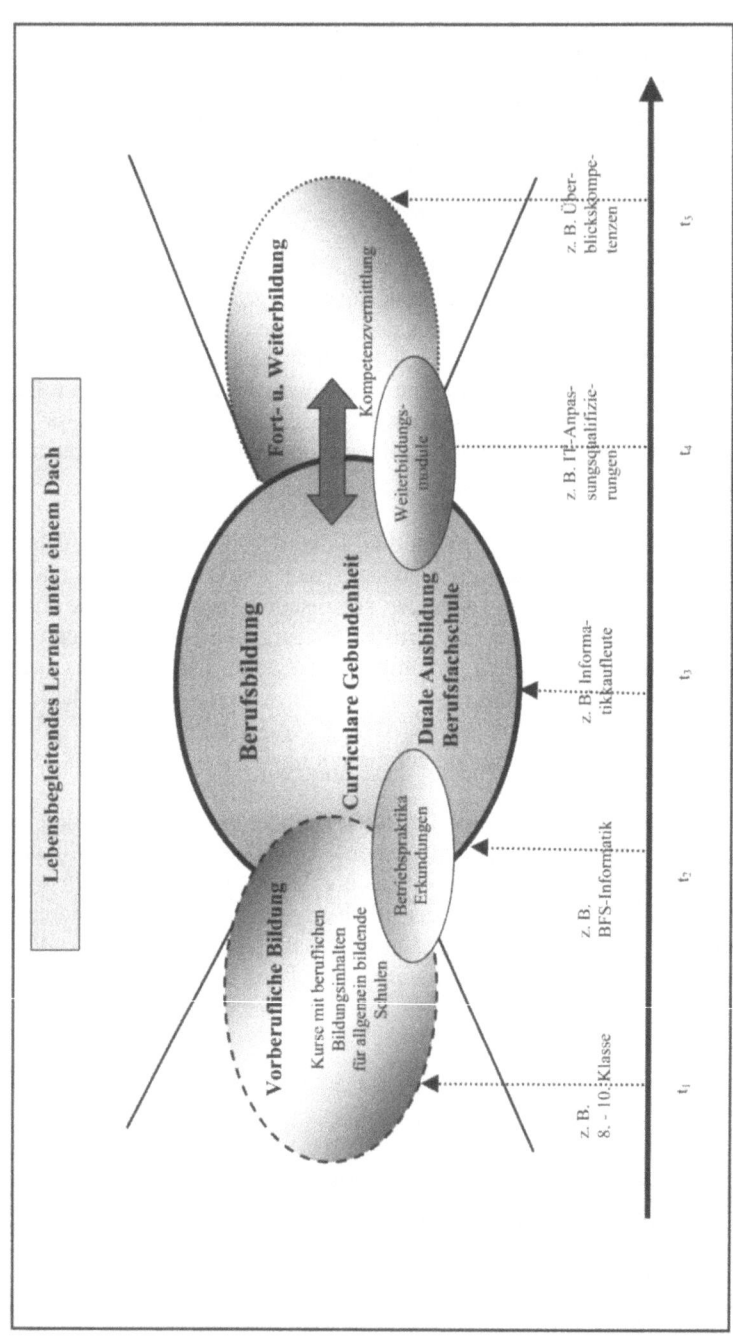

Geschichte der kaufmännischen berufsbildenden Schulen

Die Vorläufer

Zu den Vorläufern der Einrichtungen in deutschen Schulsystemen, die sich mit den Realien befaßten, zählt Rudi Maskus[1] die Einrichtung von Realien als Lerninhalte durch Reyher 1658 in Gotha. Die Realien wurden seither weit interpretiert. Es sollte kein Bereich der Lebenswirklichkeit ausscheiden.[2] Diese Realien waren auch hinsichtlich der zu erstrebenden „Nutzenanwendung" nicht allein auf berufliche Tätigkeiten gerichtet und eine Ausdifferenzierung nach gewerblich-technischen und kaufmännisch-verwaltenden Berufen war weder inhaltlich noch organisatorisch vorgesehen. Es sollten die „Faktoren der Lebenswirklichkeit... sichtbar und verständlich werden...".[3] Es ging um die Hinwendung zur Wirklichkeit, zu den Wirklichkeitsbeziehungen und zur Erfassung der veränderten Wirklichkeit. Zu den Gegenständen zählten auch ausdrücklich ökonomische/wirtschaftliche Sachverhalte. Doch die Schulen der ersten Gründungsjahre sollen im allgemeinen nicht der weiteren Betreuung a l l e r kaufmännischen Lehrlinge dienen. Sie blieben vielmehr in ihrer Aufgabe auf die gehobene Kaufmannsbildung beschränkt.[4]

Mit ersten Vorschlägen trat dann 1705 Christoph Semler in die pädagogisch-inhaltliche Diskussion ein. Er hatte aber eher die Ausrichtung auf das Handwerk gerichtet. 1739 entwarf Gottfried Groß – ebenfalls in Halle, wie Semler – ein Seminar, das sich auch ökonomischen Fragen zuwandte. Beide – Semler und Groß – standen aber noch eher diese Realien einer Allgemeinbildung vor Augen. Johann Julius Hecker gründete dann 1747 seine ökonomisch-mathematische „Realschule", die den gesellschaftsbedingten Bedürfnissen des Merkantilismus Rechnung tragen sollte.[5] Heckers Gründung gilt bis heute sowohl für die Realschulen als auch für die Handelsschulen als entscheidender Anstoß, die zu den Ausprägungen dieser Schulform im allgemeinbildenden und berufsbildenden Schulsystem bis heute geführt haben. Eine Ausdifferenzierung, die im Bereich der kaufmännischen berufsbildenden Schulen noch zur Gründung der Höheren Handelsschule geführt hat, kann hier wegen des spezifischen Ansatzes unseres

---

[1] Maskus, Rudi, Geschichte und Theorie der Realschule, in: Wollenweber, Horst (Hg.) Die Realschule Band 1, Paderborn 1979, S. 9 - 35
[2] vgl. Holstein, Hermann, Zur bildungstheoretischen Gründung der Realschule, in: Wollenweber, Horst (Hg.), Die Realschule, Band 2, a.a.O.. S. 11-24
[3] ebenda, S. 17
[4] Das war damals nicht nur in Osnabrück so, z. B. Zieger, im Handbuch für Pädagogik, 2. Aufl. 1906, Bd. 4, Stichwort „Handelsschule"
[5] vgl. Maskus, R., a.a.O., S. 16

Modells nur angedeutet werden.[1] Ebenso die Ansätze, die mit angeschlossenen Realklassen im Gymnasium eingesetzt wurden, als ausdrückliche „Berufshinführung mit kaufmännischem Lehrstoff als Allgemeinbildung" - worauf Peege hingewiesen hat – mit Hinweis einer solchen frühen Einrichtung 1759 in Saarbrücken.[2]

Die weitere Entwicklung ist kurz gekennzeichnet: Während die ersten Handelsschulgründungen oder die Einrichtung von Handelsabteilungen der gehobenen Kaufmannsbildung dienten („Kaufmann im größeren Stil" – eher im Sinne der Höheren Handelsschule)[3] beginnt die neuere Handelsschulentwicklung mit der Gothaer Gründung durch Arnoldi und der Leipziger Gründung 1831. Selbstverständlich wurde bei den ersten Schulen der allgemeinbildende Charakter deutlicher betont. Mit dem Auftauchen der Schulen für den einfachen kaufmännischen Gehilfen trat in diesem Zweig die Fachausbildung in den Vordergrund. In diesem Zusammenhang können die Schulen von Hecker in Berlin (1747), von Büsch in Hamburg (1868) und die Wiener Realhandelsakademie (1770) nicht als Vorläufer der heutigen Zweijährigen HS(n) angesehen werden, sie sind vielmehr Versuche, berufsbildenden Unterricht in das allgemeinbildende Schulwesen zu integrieren, wie es der Lehre der Philanthropen entsprach. Man wollte den „geschickten Handelsmann" im Unterschied zum „Krämer" heranbilden.[4] Vielfach waren die Handelsschulen oder Handelsakademien zunächst für die Schüler eingerichtet, die kaufmännische Kenntnisse erwerben wollten, einen gehobenen Schulabschluß aber bereits besaßen. Das zeigt deutlich ein Blick auf ihre Stundentafeln. Sie sind eher den heutigen höheren Handelsschulen vergleichbar. Teilweise wurden sie von Lehrlingen und jungen Kaufleuten besucht. Aus der Vielzahl der damaligen Schulen ragten neben den oben bereits genannten die Magdeburger Schule (gegr. 1778) die Berliner Schule von Schulz (1791) und die Nürnberger Schule (1795) hervor.

Die Ausbildung des Kaufmanns auch für einfache Tätigkeiten der Handelsschule zu übertragen, geht besonders von den sächsischen Gründungen aus.[5] Sie waren als Orte der Fachbildung im engeren Sinne gedacht. Zunächst sollten die Schulen vom Besuch der Pflichtfortbildungsschule befreien. Sie führten aber

---

[1] vgl. Beinke, Lothar (Hg.), Die Höhere Handelsschule als Teil des Bildungssystems in der Bundesrepublik Deutschland, Bad Honnef 1980
[2] vgl. Peege, Joachim, Die kaufmännische Schule in der pluralistischen Gesellschaft, Vortrag 1967, Saarbrücken, S. 13
[3] s. weitere Ausführungen zur „Geschichte und Selbstverständnis der Handelsschule" bei Lothar Beinke, Die Handelsschule, Düsseldorf 1971, S. 26 ff. - hier wird sowohl noch auf die Schwierigkeit der Differenzierung zwischen Realschule und Handelsschule aufmerksam gemacht als auch das Problem der Berechtigungsfrage angesprochen - S. 26 f.
[4] vgl. Biedermann, J.G., Die technische Bildung im Kaiserthume Österreich, Wien 1854, S. 49
[5] Oberbach, J., Handelsschulen und höhere Handelsschulen, in: Bdb. BF., S. 392

solange ein Kümmerdasein, bis die Arbeitsteilung im Handel ein stärkeres Bedürfnis nach weiblichen Hilfskräften weckte und diese eine geeignete Vorbildung brauchten. Sie ersetzten den Mädchen die fehlende Lehre, und seit der Zeit gilt die Handelsschule als Mädchenschule und damit als Anstalt, die brauchbare Kenntnisse für Bürotätigkeiten einübte. Als die Berufsschulpflicht eingeführt wurde, blieb die Funktion der Handelsschule die gleiche: berufsschulfreie Hilfskräfte heranzubilden, ganz im Dienste des Kaufmanns und der Wirtschaft. „Wie die Pflichtberufsschule äußerlich neben der praktischen Lehre hergeht und sie innerlich durch Unterricht ergänzt, um auf diesem Wege guten kaufmännischen Nachwuchs zu sichern, so sucht die Handelsschule ... durch *Unterricht* und *Erziehung vor dem Eintritt in den Beruf* gute Hilfskräfte für den Handelsstand heranzubilden."[1]

Die Handelsschule dieses Typs galt als die zweckmäßige Ausbildungsstätte für Bürotätigkeiten, die Lehre als diejenige für Tätigkeiten, die Warenkenntnisse voraussetzen. In den Anfängen gab es sie in zwei Formen: als anderthalbjährigen und als zweijährigen Typ. Sie wird auch in der Zuordnung nicht von einer Fachschule unterschieden, womit ihre strenge Ausrichtung auf den Beruf deutlich wird.[2]

Hieraus ist erkennbar, dass zu dieser Zeit zwischen einer Handelsschule normalen Typs und einer später ausdifferenzierten (s.o.) höheren Handelsschule noch nicht unterschieden werden kann, hier lediglich eine pragmatische Lösung gefunden wurde.

Die neuere Entwicklung – den Zweijährigen HS(n) auch allgemeine Bildungsaufgaben zu stellen – beginnt – zunächst recht zaghaft – mit dem Preußischen Minister-Erlaß vom 8. April 1916.[3]

---

[1] Oberbach, J., a.a.O., S. 393, im Original statt Kursivdruck gesperrt. Vgl. Nitschke, D./Paul, G., Die zweijährige kaufmännische Berufsfachschule und die Möglichkeit ihrer Weiterentwicklung, in: WuE 1/ 1969, S. 2-10, „Die Handelsschule ... ist gegründet worden als eine die Lehre ersetzende und als eine den Berufsschulunterricht vorwegnehmende Institution", S. 3
[2] Lange war für den Bereich der beruflichen Schulen im Wirtschaftsministerium zuständig.
[3] Vgl. zu dieser Darstellung Walther Löbner, Bildungsziel und Bildungsaufgabe der zweijährigen HS – ein geschichtlicher Aufriß, in: WuE, Heft 12/1956, S. 738-747, dessen Zielsetzung für diese Schule, kaufmännische Grundbildung zu entfalten, jetzt auch schon erweitert werden müßte.

Die Ausbildung in kaufmännischen Berufen in Osnabrück[1]

1822 gab es erste handwerkliche Kurse – „Zeichenschule für Lehrlinge" – und eine gewerbliche Sonntagsschule, deren Umwandlung in eine Realschule 1830 erfolgte und die 1888 als gewerbliche Fortbildungsschule weitergeführt wurde als Vorläufer der 1920 gegründeten gewerblichen Berufsschule.

In Osnabrück folgte die Berufsfachschule für die kaufmännisch-verwaltenden Berufe zeitlich – wie auch seinerzeit im Reich – nach den Einrichtungen für gewerbliche Berufe, besonders für handwerkliche Berufe, für die seit 1822 Kurse als „Zeichenschule für Lehrlinge" geschaffen wurden, die 1830 in eine Realschule umgewandelt und 1888 als gewerbliche Fortbildungsschule weitergeführt und damit Vorläufer der 1920 gegründeten gewerblichen Berufsschule wurde.[2]

1838 gründete Karl Noelle – zunächst war es sein Ziel, die Schüler auf die Anforderungen für ihre Tätigkeit in der Wirtschaft vorzubereiten – eine vorberufliche Einrichtung. 1842 gründete er das Handelsinstitut mit Tagesunterricht und Internat, das auch als vorbereitende Kenntnisvermittlung in kaufmännischen Fächern arbeitete. Wahrscheinlich hat Noelle seine Initiative aufgrund der allgemein in Deutschland zu dieser Zeit getätigten Gründungen von Handelslehranstalten vorgenommen - 1831 sind in Leipzig nach deren Vorbild besonders in Sachsen weitere Schulen entstanden. Als besonderes Vorbild galt zu der Zeit noch immer die 1747 von Johann Julius Hecker gegründete ökonomisch-mathematische Realschule in Berlin.[3]

Die Noellesche war die Privatschulgründung eines Mannes, den man im Rahmen seiner kaufmännischen Kenntnisse und seines kaufmännischen Wissens wohl eher als Autodidakten bezeichnen kann, der aber eine pädagogische Grundausbildung hatte, sollte besonders der Betreuung kaufmännischer Lehrlinge dienen, die eine „gehobene Kaufmannsbildung" zum Ziel hatten. Hier ist erkennbar, dass zu dieser Zeit zwischen einer Handelsschule normalen Typs und einer später ausdifferenzierten höheren Handelsschule noch nicht unterschieden werden kann, so dass zunächst hier nur eine pragmatische Lösung erreicht wurde. Ein Blick auf die Stundentafel zeigt diese Orientierung an den Inhalten und Standards der höheren Handelsschule. Das entsprach nicht dem Vorbild der sächsischen Schulen, doch Noelle als Pragmatiker und Kaufmann musste durch die Wahl der Fächer seine Attraktivität gewinnen.

---

[1] Beinke, Lothar, Zur Geschichte der kaufmännischen beruflichen Bildung in Osnabrück, Osnabrück 1970, 78. Band, S. 109
[2] Hierzu und zu dem folgenden vgl. Beinke, Lothar, Zur kaufmännischen beruflichen Bildung, in: Osnabrücker Mitteilung, 79. Band, S. 109 - 114
[3] s. Kapitel über die „Geschichte der kaufmännischen berufsbildenden Schule" in diesem Band

Als Lehrlingsschule blieb diese Form in Osnabrück nur 5 Jahre erhalten (bis 1842). Einfache Kaufmannslehrlinge wurden, weil die Schulbesuche freiwillig waren, nicht zu entsprechenden schulischen Unterweisungen freigestellt. Erst, als im Handel bei einer Arbeitsteilung zu einfachen Bürotätigkeiten hin stärker ausgegliedert wurde, kam es hier zu differenzierteren Besuchen. Noelle bot jetzt in einer reformierten Schule neben Mathematik und Physik drei Fremdsprachen an und baute sein Institut dreiklassig aus. Hinzu kam eine Vorklasse für Schüler, die aufgrund ihres Schulbesuches nicht die Voraussetzung boten, am Unterricht erfolgreich teilnehmen zu können.

Als 1868 dieser Schule die Prüfung für den Berechtigungsschein zum einjährig-freiwilligen Militärdienst zuerkannt wurde, stabilisierte sich der Besuch. Noelle bemühte sich – zunächst vergeblich – die Obersekundareife zu erteilen, was aber letztlich erst 1929/30 gelang. Allerdings näherte sich die Schule damit im wesentlichen den Strukturen eines Reformrealgymnasiums an, dem die kaufmännischen Fächer angegliedert waren. Es fehlte nun für die einfachen Lehrlinge eine entsprechende schulische Betreuung. Zwar gründete der kaufmännische Verein 1885 zusammen mit der Industrie- und Handelskammer die „Fortbildungsschule für Handlungslehrlinge". Das wurde jedoch nicht als ausreichender Ersatz eingeschätzt.[1]

Noelles Versuche, für andere Erwerbszweige Abteilungen in seiner Schule einzurichten, und damit eine breite private berufsbildende Schule zu werden, hatten aus mehreren Gründen nur geringen Erfolg.

1919 bekam die Noellesche Schule durch die Bachschmidt- später Goetheschule Konkurrenz. Die Bachschmidtschule entwickelte sich ähnlich wie die Noellesche und wurde 1933 mit der Noelleschen Schule vereinigt. Diese vereinigte Schule wurde schon 1938 abgelöst von der kaufmännischen Berufsschule. Diese Tradition wurde nach 1945 durch gleich drei private kaufmännische Schulen wiederbelebt.

Ebenfalls 1919 brachten die Angestelltenverbände im Bürgervorsteherkollegium Osnabrücks den Antrag ein, eine städtische Pflichtberufsschule für männliche und weibliche kaufmännische Lehrlinge einzurichten. Sie beriefen sich dabei auf den preußischen Ministererlaß vom 08. April 1916. Es war offensichtlich das Ziel, die Privatschule mit ihrem freiwilligen Besuch und den Schulgeldern in eine öffentliche und öffentlich finanzierte schulische Berufsausbildung umzuwandeln. Dabei mögen qualitative Gesichtspunkte ebenfalls eine wichtige Rolle gespielt haben. Doch erst 1927 waren die Verhältnisse in Osnabrück so stabil, besonders in finanzieller Hinsicht, dass die Gründung der Städtischen Kaufmän-

---

[1] vgl. Kühling, Karl, 100 Jahre Kaufmännischer Verein Osnabrück, Osnabrück 1969

nischen Berufsschule erfolgte, die 1938 die vereinigte Noellesche Handelsschule aufnahm. Vorher, im November 1869, war der Kaufmännische Verein bereits gegründet, der den kaufmännischen Nachwuchs zur Pflege der Geselligkeit und zum Zweck der Belehrung, Weiterbildung und Förderung zusammenfassen sollte.[1] 16 Jahre später: März 1885 gründete er zusammen mit der Handelskammer eine „Fortbildungsschule für Handlungslehrlinge". Diese Schule konnte sich jedoch nur bis 1910 halten. Sie war ab 1900 „nicht mehr zeitgemäß".[2] Mit der Gründung der kaufmännischen Berufsschule 1927 endete die dilettantische Eigentätigkeit von IHK und Kaufmännischem Verein. Sie hatte die Bildungserfordernisse nicht lösen können, ebenso wenig wie die Privatschulversuche.

---

[1] vgl. Kühling, Karl, a.a.O.
[2] vgl. ebenda, S. 29

Einordnung des Modells in den Vorgang ökonomisch-kaufmännischer Bildung

Dieses Modell ist zwar gegenwärtig nicht abschließbar, sollte aber seine Einordnung in den Vorgang ökonomisch/kaufmännischer Bildung deutlich werden lassen und den Zusammenhang wahren, der sich aus dem Europäischen Qualifikationsrahmen (EQR) stellt.

EQR - IT-Kompetenzzentrum – IT-Modell
Zusammenhänge zwischen dem Europäischen Qualifikationsrahmen, dem IT-Kompetenzzentrum der beiden betroffenen Osnabrücker Berufsbildenden Schulen und dem hier entwickelten IT-Modell

Was ist der Europäische Qualifikationsrahmen (EQR)? Der EQR wurde aus dem EQF entwickelt.[1] Er wird vom BiBB als zentrale Herausforderung für Deutschland in seiner prinzipiellen Orientierung an Lernergebnissen gesehen und soll vor allem Transparenz zwischen Arbeitsmarkt und Bildungssystem herstellen bzw. verbessern. Der IT-Bereich – als Pionier eines branchenbezogenen Teil-Qualifikationsrahmens – ist in Deutschland ein Beispiel für neue Kooperationen, in die auch IT-Firmen involviert sind. Der EQF hat – im Zusammenhang mit der Entwicklung eines Kreditpunktesystems für die berufliche Bildung – das Potential, neue Impulse für die Durchlässigkeit zwischen den Bildungssystemen in Europa und innerhalb eines Bildungssystems zu geben. Diese Impulse unterstützen Reformbemühungen in Deutschland und können ihnen eine neue Dynamik geben.

Bei der Umsetzung des Osnabrücker IT-Modells wird noch zu überlegen sein, wieweit der EQR dazu beitragen kann, bestimmte Niveaustufen und damit zusammenhängende Kompetenzen zu erreichen. Ein nationaler und sektoraler Qualifikationsrahmen könnte weiterhin dazu beitragen, höhere Kompetenzstufen in diesem Modell anzustreben.

Diese Überlegungen und Zielsetzungen sind deshalb wichtig, weil angesichts der wachsenden Bedeutung des EQR und eine am EQR ausgerichtete Sichtweise nicht folgenlos bleiben wird für die Gestaltung von Lehr-/Lernprozessen und bei der Konzipierung im Rahmen von Neuordnungsverfahren von Berufen. Neue Lernformen mit dem Zweck ein verbessertes Outcome zu nutzen, wird nicht nur eine schöne Möglichkeit oder Chance sein, sondern geradezu ein Muß. Das IT-Kompetenzzentrum sollte diese neuen Anforderungen und Herausforderungen bei der Konzipierung gleich aufgreifen, um eine Pionierrolle für andere Schulen einzunehmen.

---

[1] Internet Dokumentation vom 31.05.2006

Die Auseinandersetzung mit den Kompetenzen (Fach-, Methoden-, Personal- und Sozialkompetenzen) wird gerade unter dem Aspekt der Erfassung und Bewertbarkeit intensiviert.

Der EQR und auch der noch zu konzipierende nationale Qualifikationsrahmen werden Einfluss haben auf die Lehrplanabfassung und werden eine verstärkte Auseinandersetzung an den einzelnen Schulen bewirken. Die Bedeutung der Zusammenarbeit über den einzelnen Beruf, die Berufsgruppe, die Branche und den Bildungsbereich hinaus wird zukünftig wachsen.

Das Modell, das integrativ im Zentrum die Berufsausbildung für Auszubildende in IT-Berufen enthält und von der Allgemeinbildung her Elemente der Berufsorientierung aufnimmt, ist dadurch für eine solche Modellbildung in dem grenzüberschreitenden Ziel der Auflösung strenger Abschottung des allgemein bildenden und berufsbildenden Systems identifizierbar, dass ökonomische Bildung unter dem Aspekt der Veränderung in Ausbildungsumfängen und Ausbildungsinhalten äußerst vielschichtig ist. Das Modell berücksichtigt die Entwicklung in Wirtschaft und Gesellschaft durch die Rückgabe von Aspekten aus der Berufsbildung in die Allgemeinbildung. Sie sind für die Berufsorientierung im Rahmen allgemeinbildender Erfordernisse im Berufswahlprozess bedeutungsvoll. Andererseits werden kulturelle Bildungsinhalte auch Gegenstand beruflicher Qualifizierung. Da die Auseinandersetzung mit ökonomischen Fragen mehrdimensional ist, verknüpft sie politische, ökologische, kulturelle, historische und philosophische Aspekte. Ihre Gegenstände sind keine unerschütterlich harte Fakten, nur Beobachtungen und Konstrukte. „Die Wirklichkeit ist nicht da, sie wird konstruiert."[1]

Nach dem letzten Krieg setzte – spätestens intensiv geführt mit und nach den Diskussionen und Strukturüberlegungen einschließlich inhaltlicher Reformen durch den Deutschen Ausschuß für das Erziehungs- und Bildungswesen – eine Entwicklung ein, mit der bestehende Unterschiede auszugleichen, ideologische, oft an die angebliche Tradition angelehnte Festlegung aufzubrechen seien. Allerdings stießen die Bemühungen auf erhebliche Widerstände, die jedoch weitgehend überwunden zu sein scheinen.
Heute trifft man nur noch verschämt auf Positionen wie Eugen Lemberg sie noch 1959 ironisieren konnte. Der Bildungskanon – seinerzeit – weise gerade nicht das auf, „was zur Bewältigung der beruflichen zwischenwirtschaftlichen

---

[1] Fischer, Andreas, Welche wirtschaftsberufliche Bildung wollen wir?, in: ders. (Hg.) Ökonomische Bildung – quo vadis?, Bielefeld 2006, S. 5 - 27

Aufgaben... notwendig ist."[1] Vor dem Hintergrund[2] läßt die von Lemberg noch beklagte Unterscheidung von Spezialbildung und Allgemeinbildung obsolet erscheinen. Aber auch ein Vorwurf richtete sich an die Berufsschule.[3] Abel/Groothoff warfen der Berufsschule vor, sie verteidige leider noch das Vergangene.[4] Wer das Vergangene verteidige, schien nicht zu beachten, dass die Bedingungen der Existenzsicherung und der Teilnahme am sozialen Leben immer komplexer würden. Nur ein höheres Qualifikationsniveau, als es die konkrete Arbeitstätigkeit erfordere, könne da helfen.[5]

Ein Teil der Kontroverse, so von Johannes Baumgarten und Alfons Dörschel einerseits, und – um nur ein Autorenpaar zu nennen – Blättner/Münch andererseits, zeigt die Spannweite der Kontroverse. Während die Vertreter der allgemeinen Erziehungswissenschaft Blättner/Münch z. B. die Berufsfachschulen völlig in das berufliche Schulwesen integriert sahen, forderten die Vertreter einer Wirtschaftspädagogik, man vergleiche besonders Ernst Antony[6], da die Berufsfachschule ihre Aufgabe nicht erfüllen könne, wenn sie ihren Schülern möglichst viel kaufmännisches Wissen und Können beigebracht habe, so dass sie besonders schnell als vollwertige Arbeitskräfte eingesetzt werden könnten, dass diese Schulform ihre Eigenständigkeit behalten müsse, um ein adäquates Profil entwickeln zu können. Die Kräfte der Schüler sollten geweckt und geübt werden, damit sie geistig wachsen. Das neu gesteckte Ziel der Berufsfachschulen geht davon aus, dass auch ehemals rein berufsbildende Fächer zur Allgemeinbildung gezählt werden müssen.[7] So sollten sich Unterrichtsinhalte an den Anforderungen der Realschule orientieren. Andererseits wurde von Aloys Fischer[8] vertreten, dass die Realschulen nicht allgemeine Bildungsschulen waren, sondern ganz im Dienste der wirtschaftlichen Berufserziehung gestanden hätten. Von dieser Seite also auch keine saubere Trennung, besonders in den mittleren Schulen, die sich auch den Realitäten der Arbeits- und Wirtschaftswelt zuwandten. Peege[9] sah konsequenterweise zwischen den Berufsfachschulen und der Realschule keine Unterschiede in der Zielsetzung.

---

[1] Lemberg, Eugen, Die Rolle der Wirtschafts- und Sozialwissenschaften in unserem Bildungskanon, in: Dahrendorf/Ortlieb (Hg.) Der Zweite Bildungsweg im sozialen und kulturellen Leben in der Gegenwart, Heidelberg 1959 S. 102
[2] Wir verweisen hier auch auf Picot/Neuburger „Veränderte Rahmenbedingungen", S. 38 in diesem Bande
[3] vgl. Abel, Heinrich/Groothoff, Hans-Hermann, Die Berufsschule, Gestalt und Reform, Darmstadt 1955
[4] vgl. ebenda, S. 95 f.
[5] Büchner, Peter/de Hahn, Gerhard/Müller-Daweke, Renate, Von der Schule in den Beruf, München 1979, S. 50
[6] Antony, Ernst, Bildungsaufgabe der Handelsschule, in: Wirtschaft und Erziehung 8/ 1957, S. 344
[7] vgl. Beinke, Lothar, Die Handelsschule, a.a.O., S. 31
[8] vgl. Fischer, Aloys, Leben und Werk, München 1967, S. 366
[9] Peege, Joachim, Fachschulreife, Neustadt/Aisch 1967, S. 107

Was hier hinsichtlich der Widersprüchlichkeit der Trennung zwischen Schulen, die die „Realien" betonen einerseits und den Berufsfachschulen andererseits deutlich wird, bei denen aber noch die Berufsschulen in der dualen Form als eher zentraler Bereich der isolierten Ausbildungsaufgabe gesehen wurde, ist der Versuch, Allgemeinbildung und Berufsbildung voneinander getrennt zu halten. Dabei ging es immer darum, den Vorrang der Allgemeinbildung vor der Berufsbildung aufrecht zu erhalten. Dabei war es die berufliche Bildung, die die Entwicklung von Erziehungstheorien bestimmte, da es für den Staat und seine Funktionsfähigkeit eben wichtig war, ökonomische und technische Probleme meistern zu können. So z. B. die Probleme der Lagerhaltung, die die Entwicklung von Schrift- und Zahlensystemen erforderten, und ebenfalls einen gegliederten Beamtenapparat, dessen Kommunikation der Mitglieder untereinander einer ausdifferenzierten Schriftsprache bedurfte.[1]

---

[1] vgl. Sembill, Detlef, Einfältig, zwiespältig, dreifaltig und vielfältig: Arbeits-, Berufs- und Wirtschaftspädagogik an der Schwelle des nächsten Jahrtausends, in: Didaktik der Berufs- und Arbeitswelt 4/1996, S. 21

Vom Verzahnungsstrukturmerkmal des Modells hin zur allgemein bildenden Schule

Armin Bohnet[1] sieht im Mißtrauen gegen neue Technologien den Grund, dass dadurch besonders häufig Betriebe in wachstumsintensiven Branchen mit ihrer Produktion ins Ausland getrieben würden. Das Misstrauen erwächst aus der zeitlichen Kluft zwischen den Freisetzungseffekten und den arbeitsplatzsichernden Effekten. Die Arbeitsplatzfreisetzungseffekte des technischen Fortschritts werden unmittelbar spürbar, während sich die mit dem Fortschritt der Technologien einstellenden arbeitsplatzsichernden und -schaffenden Wirkungen erst mit zeitlicher Verzögerung zeigen.[2] Das durch technischen Fortschritt ausgelöste Produktivitätswachstum schafft zusammen mit dem Wirtschaftswachstum durch Erschließung neuer Märkte und Produktinnovationen auch die Chance, Freisetzungseffekte (Arbeitsplatzabbau) zu vermeiden oder zumindest zu vermindern.

Dabei ist es auch wichtig, traditionelle ökonomische Theorien daraufhin zu überprüfen, ob sie den Ansprüchen, die an solche Theorien gestellt werden müssen, gerecht werden. Dazu gehört insbesondere die Frage, ob sie systematisch den kulturellen Hintergrund und die konkreten Bedingungen geistiger, schöpferischer Beweglichkeit der Menschen in Wirtschaftsprozessen erschließen und damit der Abbildung von Gesellschaftsprozessen in der IT-Umgebung. Es muss der ökonomischen Bildung möglich sein, die gewohnten Wahrnehmungen in ihrem Feld zu überprüfen und sich nicht nur an bewährte Bilder zu halten, „denn eine Theorie ist zwar ein Leitsystem für empirische Studien, aber keine Bedienungsanleitung für die Wirtschaftspraxis."[3] Der beobachtende Mensch bildet seine Welt in seinem Kopf ab, d. h. einen Anspruch an eine Theorie zu stellen, dass sie sich nicht derart immunisiert und verhärtet, dass man beginnt, die Realität nach dem Vorbild der Theorie umzugestalten,[4] d. h. die Brauchbarkeit des Modells für seine dreifache Funktionsbestimmung: Berufsorientierung – Berufsausbildung – Berufliche Weiterbildung, streng im Auge zu behalten.

Für den Anspruch der Berufsbildung heißt das, utilitaristischen Ansprüchen der ökonomischen und technischen Wissenschaften und der betrieblichen Praxis nicht zu verfallen. Vielmehr ist ihr Anspruch auch ein erzieherischer und allgemeiner zur Qualifizierung nicht nur im Sinne einer engen Brauchbarkeit und begrenzten Einsetzbarkeit des Humanfaktors – durchaus auch im Sinne einer Effizienzsicherung.

---

[1] Bohnet, Armin, Arbeitslosigkeit in Deutschland als soziales und ökonomisches Problem, in: Evers, Adalbert (Hg.) Sozialstaat, Gießener Diskurse, Gießen 1998, S. 68 f.
[2] vgl. ebenda
[3] Bendixen, Peter, Welche Konsequenzen ergeben sich für eine wirtschaftsberufliche Bildung angesichts des verengten Weltbildes der Ökonomie? In: Andreas Fischer a.a.O., S. 120 - 131
[4] vgl. ebenda, S. 124

Wissenschaftstheoretische Eingrenzung

Auf welchem Wissenschaftsverständnis basiert der Modellentwurf?

Ein solches Vorhaben einer Modellbildung greift – zwar innerhalb des Rahmens des gegenwärtigen berufsbildenden Systems – aber diesen Rahmen voll auslotend und ausgestaltend auf ein weites berufsbildungstheoretisches, berufsbildungspolitisches und allgemein/ berufsbildend theoretisch-praktisches Feld.
Es könnte der Vorwurf der Hybris erhoben werden, wenn dieses Modell sich anheischig machte, als Exempel für eine allgemeine Weiterentwicklung der beruflichen Bildung Maßstäbe setzen zu wollen. Deshalb seien hier zwei Vorüberlegungen angestellt, die den Charakter dieses Versuches als zwar anspruchsvolles und realisierbares, aber die eigene Kompetenz nicht überschreitendes Vorhaben deutlich macht.

Entwicklung eines IT-Kompetenzmodells als Gelenkfunktion zwischen vorberuflicher Bildung und Weiterbildung (das IT-Modell als geschlossenes Ausbildungsmodell für IT-Berufe sowohl in Teilzeit- als auch in Vollzeitform im Zentrum)

Die vorzustellenden Überlegungen mit ihrem prognostischen Charakter lassen kaum zwingende didaktische Entwürfe entstehen, wenn man davon ausginge, dass diese Entwürfe ein bereits geschlossenes Modell darstellten, dessen Realisierung nur noch der unterrichtlichen Einführung bedürfe. Eine solche Vorstellung wäre unseriös: Reformen im Bildungsbereich wie z. B. curricular- oder unterrichtsmethodische Reformen lassen sich nicht im voraus wissenschaftlich durchplanen.[1] Welche Möglichkeiten bleiben in einer partikulär konzipierten Praxisberatung, in der berücksichtigt wird, dass auf viele Fragen der Praxis – und das nicht nur auf Fragen nach Zielen – derzeit kaum wissenschaftlich vertretbare Antworten gegeben werden können?
Das vorgestellte Konzept ist deswegen nicht als geschlossenes Modell zu verstehen, sondern als ein Vorschlag, d. h. es wären im Nacheinander zu realisierende Teilschritte – trial and error – zu konzipieren, der sich als iterativer Prozeß gestalten soll. Auch auf einer Zwischenstufe könnte eine – vielleicht vorläufige – Abschließbarkeit festgestellt werden. Ein Auftrag, dieses Konzept zu evaluieren, müßte ebenso iterativ vorgehen, so dass im Zweifel eine Abschlußevaluierung nicht als zwingende Forderung angebracht wäre.

Für das Osnabrücker IT-Modell scheint uns geeignet, was Barbara Maifort zu der Entwicklung der „Humandienstleistungen" sagt.[2] „In einigen Segmenten...

---

[1] vgl. Steuber, Hartmut, Methodologie der Didaktik, Frankfurt 2. Aufl. 1982, S. 17
[2] Maifort, Barbara, Berufsbildung im Humandienstleistungsbereich, in: 20 Jahre Lehrerausbildung im

haben sich Wirtschafts- und Unternehmensformen so grundlegend verändert, dass allein die Anpassungen der traditionellen beruflichen Qualifikationen nicht mehr zum Erfolg zu führen scheinen. Hier kommt es zur Herausbildung neuer Ausbildungs- und/oder Weiterbildungs-Berufsprofile."

Im Rahmen dieser wissenschaftstheoretischen Überlegungen ist über die Besonderheit dieses Modellvorschlages – ihn mit der spezifischen und allgemeinen Berufsorientierung zu kombinieren und ihn teilweise zu integrieren – zu prüfen, inwieweit ein solcher Ansatz wegen der oft als unvereinbar geltenden differenzierten Zielsetzung der beiden betroffenen Bildungssysteme: Allgemeinbildung – Berufsbildung tragfähig sein kann. Um dieser Auseinandersetzung zu entgehen, die sich in begriffliche Positionen verlieren könnte, wählen wir pragmatisch den Ansatz von Pätzold, der unseres Erachtens auch unsere Absichten zu stützen vermag: seine Theorie vom Berufswahlvorgang, die als eine Abgrenzung von Berufsorientierung und Berufsfindung zu verstehen ist. Wir verwenden diesen spezifischen Begriff für unser Modell, das auf einem Konglomerat von Berufswahltheorien basiert und Berufswahl als Prozess betont und sich löst vom traditionellen Berufsbegriff hin zu einem Set von systematisch vermittelten Kompetenzen, das offen für Anpassungen an sich ändernde Rahmenbedingungen ist. Es ist damit für eine brauchbare Abgrenzung zu verstehen, das den Berufsbegriff für die Ausbildung nicht relativiert.

Und zur Allgemeinbildung:
Wenn man davon ausgeht, dass das Ziel der allgemeinbildenden Schule eine Vorbereitung der Jugend auf das künftige Leben in der sich entwickelnden gegenwärtigen Gesellschaft ist und darin Berufswahlhilfe zu leisten, dann wären dazu zwei Forderungen an die künftige Berufswahlvorbereitung zu stellen.

- Die Informationen für die Schüler und Schülerinnen über die Wirtschafts- und Arbeitswelt müssen der Realität angemessen sein. Das heißt, es sind Informationen über die gegenwärtigen industriebetrieblichen Strukturen und über den Dienstleistungsbereich zu vermitteln.
- Innerhalb dieser Strukturen muss den Schülern eine Distanz möglich bleiben, dass sie die Bedingungen der industriellen Berufs- und Arbeitswelt mit ihren Interessen zur Berufsausübung darin erkennen können.

Ad 1)
In den allgemeinen curricularen Abläufen der Berufsorientierung vermitteln insbesondere Betriebspraktika – unterstützt durch Betriebserkundungen – diejenigen Informationen, die sich realitätsangemessen erfassen lassen. Bei aller positi-

ven Wirkung der Betriebspraktika zur Berufswunschkontrolle und als „Schnupperlehre": Die hier ermittelte Realität bleibt selektiv und unvollständig. Im hier integrierten Programm würde im IT-Kompetenzzentrum eine an den Ausbildungsanforderungen orientierte Praxiseinsicht an Stelle oder ergänzend zu Betriebspraktika möglich werden. Diese Praxiskonfrontation hat nicht die Funktion, auf Ausbildungsberufe hinzuführen, für die die Berufswahl schon abgeschlossen ist. Natürlich sind diese Berufe auch nicht ausgeschlossen von der Berufsorientierung. Diese Form der Realitätsvermittlung hat – insbesondere, wenn sie additiv einem klassischen Betriebspraktikum hinzugefügt wird – den Vorteil, dass hier strukturierte Praxiserfahrung mit pädagogischen Instrumentarien und auf das Ausbildungsergebnis gerichtet erfolgt.[1] Das minimiert den Grad der Unsicherheit vor der notwendigen Entscheidung und stabilisiert die Jugendlichen. Ihr Anspruch, die „richtige" Wahl getroffen zu haben, hilft, das Suchverhalten weiter einzuschränken. Die Vermittelbarkeit dieser Realität wird gesteigert und die Realität wird von arbeits- und berufsfremden Aspekten freigehalten.

Ad 2)
Die Distanzwahrung ist den Schülern durch diese Form der Berufswahlhilfe gewährleistet, so dass sie entweder parallel zur Begleitung in den Ausbildungsklassen oder blockweise Ausbildungsort und Schule wechseln, denn es handelt sich um Elemente des Berufswahlprozesses, die hier in das Modell der IT-Ausbildung integriert sind – eben als Berufswahlvorgang.

Ein solches Modell bliebe einseitig, d. h. funktional lediglich auf die Berufsorientierung der Berufswähler bezogen, wenn nicht ebenfalls Gemeinsamkeiten der Schülerinnen und Schüler der allgemeinbildenden Schulen in den Prozeß der Berufsausbildung eingebracht würden. Damit wäre das Ausbildungsziel in den IT-Berufen in adäquaten Fächern erreichbar, die auf die sekundären Ausbildungsziele gerichtet sind. Die darauf tendierenden Inhalte sind – in Anlehnung z. B. an Dostal – bereits in unserem Modellvorschlag berücksichtigt und integriert.
Es böte sich auch für den Anschlussbereich der Weiterbildung eine Offenheit der Karrieregestaltung, dass mit dem hier vorgeschlagenen Modell bisherige Bildungsabschlüsse und Berufsorientierung korrigierbar bleiben, sowohl während als auch nach Abschluss der IT-Berufsausbildung.
Dabei muß die Möglichkeit beachtet werden, was solche Modelle zu leisten vermögen, da Modelle als Vereinfachungen der komplexen aber wenig bekannten Realität zu verstehen sind. Diese Realität ist hier die Berufswahl der Jugendlichen und deren Unterstützung. Die Berufswahl ist aber eine Wahl unter

---

[1] Weiterhin bewirkt eine fundierte Berufswahlentscheidung außerdem, dass eine Entscheidung gefestigt bleibt und verteidigt wird. Als eigenverantwortet mindert sie die Gefahr eines Ausbildungsabbruchs.

Unsicherheit. Die Unsicherheiten aber gilt es zu minimieren. Dabei ist zu bedenken, dass die Alternative für einen betreuten Berufseintritt eine Einschränkung der freien Berufswahl bedeuten würde.

Gesellschaftlich-ökonomische Veränderungen als Fachbasis für ein IT-Modell

Entwicklung der Industrie-, Wirtschafts- und Arbeitswelt

Nach den im vorangegangenen Kapitel vorgetragenen Überlegungen zur Generalisierbarkeit des hier entwickelten Modells sind noch die realen Konditionen vorzustellen, unter denen das Modell erarbeitet werden kann und muss.

Zuvor ein Hinweis auf die nach unserer Auffassung aller Bildung, auch aller ökonomischer Bildung inhärenten moralischen Aspekte als Teil des Erziehungsauftrages. Auch im Zuge der Modernisierung der beruflichen Bildung könne die berufsmoralische Bildung in der kaufmännischen Berufsschule nicht ignoriert werden, vielmehr bedürfe es einer produktiven Berücksichtigung. In die Heterogenität des Berufsfeldes „Wirtschaft und Verwaltung" sind die Inhalte der informationstechnologischen Berufe und der informationstechnologischen Teile in anderen Berufsbildern ausdrücklich eingeschlossen, und bei ihnen gilt eben auch besonders, dass die moralischen Anforderungen an die berufstätigen Individuen sich je nach Ausbildungsberuf ganz erheblich unterscheiden können und auch die Situationen, in denen sich moralische Anforderungen stellen.[1]

Nach Stehr ist die Industriegesellschaft dadurch gekennzeichnet, dass die Mehrzahl der Technologien das Ergebnis praktischer Erfahrungen nicht die Umsetzung von theoretischem Wissen ist. Vor allem die praktische Erfahrung und nicht das abstrakte Wissen sind das Merkmal brauchbarer Arbeitsergebnisse. Danach wäre die Ausbildung in IT-Berufen im dualen System nahezu unverzichtbar.
Wissen in seiner Eigenschaft als stratifizierendes Phänomen sozialen Handelns ist keine unanfechtbare interpretationsfreie Größe. Befähigung zum Handeln heißt auch, dass Wissen ungenutzt bleiben oder für irrationale Zwecke genutzt werden kann. Damit ist auch eine didaktische Betrachtung der Wissensanwendung möglich.[2]

Nico Stehr[3] referiert, beurteilt und kritisiert den Ansatz von Daniel Bell, der die Theorie der postindustriellen Gesellschaft seinerseits kritisiert.

Zunächst ein bemerkenswerter Anfangssatz. Dass es menschlichen Fortschritt gebe, sei ein Mythos, der durch den Fortschritt der Wissenschaft paradoxerweise

---

[1] Vgl. Retzmann, Thomas, Systematik und Kasuistik der berufsmoralischen Bildung in kaufmännischen Berufen, in: Fischer, Andreas, a.a.O., S. 73-94
[2] vgl. Stehr, Nico, a.a.O., S. 209
[3] Stehr, Nico, Arbeit, Eigentum und Wissen. Zur Theorie von Wissensgesellschaften, Frankfurt 1994

selbst aufgehoben wurde. Wissenschaftsgläubige Anhänger missverstehen die Technik und die sogenannte Rationalisierung der Gesellschaft als Substitut für soziale und politische Entscheidungen.[1]

Gesellschaftliche Veränderungen
Die grundsätzlich veränderten ökonomischen Strukturen der modernen Gesellschaft[2] sind nach Stehr durch zwei Faktoren bestimmt:
- o Die wachsende Zurückdrängung der ökonomischen Bedeutsamkeit der traditionellen Berufskräfte Arbeit und Eigentum
- o Den sich verstärkenden Rückgang in der Bedeutung des Nationalstaats als einflußreicher und effektiver ökonomischer Akteur.[3]

Mit seiner Definition der industriellen Gesellschaft lehnt sich Stehr an Raymond Aron[4] an, indem er ihr konstitutives Merkmal beschreibt. Dieses Merkmal ist der umfangreiche, technische und wissenschaftstheoretische Mitteleinsatz. Soziales Handeln wird quantifiziert, prognostiziert und rationalisiert. Es ist nach Aron ein soziales System, in dem die Industrie die charakteristische Produktionsweise bildet.[5]

Das Grundmuster sozialer Beziehungen der Moderne, das die traditionelle Gesellschaft nicht hat, das für die moderne Gesellschaft aber charakteristisch ist, und zwar im Sinne der konstitutiven Bedeutung funktionaler Differenzierung, besteht in der „Abschaffung jeder naturwüchsigen Herkunftsordnung und ihrer Ersetzung durch sich selbst tragende, auf identifizierbare Funktionen spezialisierte Handlungssysteme"[6]. Die Entwicklung vollzieht sich nicht in der Ersetzung einer alten Gesellschaft durch eine neue. Es gibt deshalb keinen Strukturbruch, sondern vielmehr eine Ausdifferenzierung der Subsysteme. Die Veränderungen sind unterschiedliche Wege des weiter herrschenden Modernisierungsprozesses nach Daniel Bell (Postmodernismus). Der Postmodernismus als eine extreme modische Ablehnung des motivationalen Kerns der pragmatisch- puritanischen bürgerlichen Weltanschauung, bedeute den Höhepunkt des Zerfalls einer kapitalistischen Wirtschaftsform, die noch in der Lage war, das kulturelle Leben der Gesellschaft zu beeinflussen, zu dominieren. Damit beeinflußt die Wirtschaftsform bzw. Wirtschaftsordnung der Gegenwart nicht mehr dominant das kulturelle Leben der Gesellschaft. Es entwickelt sich eine Distanz zwischen

---

[1] ebenda, S. 14
[2] ebenda, S. 94
[3] Stehrs Analyse konkretisiert sich in der gegenwärtig erkennbaren Entwicklung als Globalisierung".
[4] Aron, Raymond, Die industrielle Gesellschaft, 2. Aufl. Frankfurt 1964, S. 76
[5] Stehr, Nico, a.a.O., S. 76
[6] Berger, Johannes, zitiert bei Stehr

Kultur und Struktur der Gesellschaft durch den Aufbau separater Lebensformen. Diese entziehen sich dem unmittelbaren Einfluß der Wirtschaft, der Gesellschaft und der traditionellen kulturellen Praktiken.
Die Teilung und Trennung der Gesellschaft oder Sozialstruktur und der Kultur verweist auf vertraute dichotomisch formulierte Gegensätze wie Verstand und Gefühl, Werte und Tatsachen oder kognitive und affektive Vermögen. Die neu entstandenen kulturellen Lebensräume werden nicht nur von kulturellen Eliten, sondern auch von vielen anderen Akteuren bevölkert. Die neuen Sensibilitäten wie Spontaneität, Sensationen, Unmittelbarkeit entwickelnde und eine ständig Erneuerung propagierende Massenkultur repräsentiert einen destruktiven, die soziale Kohäsion gefährdenden Prozeß, der die Sozialstruktur selbst infrage stellt, indem er das „motivational and psychic-reward system which has sustained" zerstört.[1]

Das Leitprinzip des sozialen Wandels der postindustriellen Gesellschaft (nach Bell = „axiales Prinzip") konstatiert, dass das theoretische Wissen oder wissenschaftlich legitimierte Erkenntnis zum Motor gesellschaftlichen Wandels werden.[2]

Wissen, wie es die moderne Gesellschaft als Wissenschaftsgesellschaft prägt, ist die Fähigkeit zum sozialen Handeln und bietet damit die Möglichkeit, etwas in Gang zu setzen. Seine besondere Funktion und sein besonderer Stellenwert liegen darin, dass wissenschaftliches Wissen mehr als jede andere Wissensform permanent zusätzliche Handlungsmöglichkeiten fabriziert und konstituiert. Wissenschaftliche Erkenntnis ermöglicht Handlungen, die sich ständig ausweiten. Da gesellschaftliches Handeln stets unter einem Handlungsdruck steht, und deshalb nicht warten kann, bis die gesellschaftlichen Probleme wissenschaftlich gelöst sind, muß die Gesellschaft mit bestimmten Vorstellungen von sich selbst arbeiten.[3] Gerade auch hier liegt eine besondere Beziehung zu den IT-Berufen und deren Entwicklung.[4] Das moderne Leben wird eine Welt der Veränderungen, eine Welt der Instabilität.[5]

---

[1] S. 96, zit. bei Stehr nach Daniel Bell
[2] ebenda, S. 102
[3] vgl. Stehr, Nico, a.a.O., S. 283 – Hiermit wird von Stehr eine knappe, aber sehr treffende Kritik an der These von Jonas „Prinzip Verantwortung" geübt, nach der vor jedem Handeln erst alle Folge dieses Handelns mit seinen möglichen Konsequenzen abgeschätzt werden müßten. Jonas hatte mit seinem unsinnigen „Prinzip Verantwortung", das auf einem verkürzten Handlungsbegriff basierte (Handeln wird nur als „Tun" erfasst, womit Nichthandeln nie verantwortungslos sein könnte; was schon im Widerspruch zu unserer Rechtsordnung steht, die den Straftatbestand der „unterlassenen Hilfeleistung" kennt) im strengen Sinne eine Handlungsunfähigkeit gefordert. Handlung ist nur unter Unsicherheit möglich, da der Zeitfaktor immer begrenzt ist.
[4] vgl. Stehr, Nico, a.a.O., S. 520
[5] ebenda, S. 120

Die wichtigsten wissensfundierten Handlungskompetenzen nach Stehr, die die Struktur sozialer Ungleichheit beeinflussen, sind
- Die Fähigkeit, Ermessensspielräume auszunutzen
- Die Möglichkeit, Schutz zu organisieren
- Das Geschick, Widerstand zu mobilisieren
- Die Fähigkeit etwas zu vermeiden oder auszuschließen
- Die Befähigung und Fertigkeit zu sprechen.[1]

Erläuterungen:
Ad 1) Sozial konstruierte Regeln, Normen und Standards für alltägliches Verhalten bleiben kaum jemals ohne einen Ermessensspielraum, erlauben damit Interpretations- und Exekutionsmöglichkeiten. Die „sachverständige" Akteure nutzen können, um sich Vorteile zu verschaffen.

Ad 2) Der Grund dafür sind die u. U. sehr hohen Kosten symbolisch und materiell, die z. B. aus Unfähigkeit entstehen werden.

Ad 3) Die Fähigkeit, die Praktiken von Experten zu kritisieren, wird zu einem wichtigen positiven Faktor der Fähigkeit von Wissen, Ungleichheit zu schaffen. Dazu ist die Mobilisierung von Widerstand erforderlich.

Ad 4) bezieht sich hauptsächlich auf die Verminderung von Risiken durch Verteilung.

Ad 5) im Anschluß an Bourdieu. Diese Befähigung ist für viele Zusammenhänge und Situationen relevant und betrifft auch die Fähigkeit eines Laienpublikums oder eines einzelnen Laien, an einer Expertendiskussion teilzunehmen. Diese Befähigung basiert auf dem Können, Wissen in relevanten Kontexten angemessen ausdrücken zu können und soziale Abgrenzungen zu vermeiden.

Das Wachstum des Wissens und seine zunehmende gesellschaftliche Verbreitung schaffen paradoxerweise größere Unsicherheit und Kontingenz und nicht eine Lösung von Meinungsverschiedenheiten oder eine Basis für eine effizientere Herrschaft zentraler gesellschaftlicher Institutionen.[2]
Uns scheint, – wenn diese Entwicklungen wie prognostiziert zu erwarten sein werden – dass gerade hier für die modernen Ausbildungsberufe in den IT-Techniken eine vermehrte Berücksichtigung sowohl für die jugendliche Qualifizierung als auch für den allgemeinen Bildungsanspruch ausgelöst wird.

---

[1] ebenda, S. 197
[2] ebenda, S. 452

Zusammenfassende Beurteilung für die gegenwärtige Gesellschaft der Moderne

Die Erfordernisse in der Ausbildung mit Wissenschaft und Technik für unsere gegenwärtige Gesellschaft verändern unsere sozialen Institutionen grundlegend: die Arbeit, das Erziehungswesen, die Politik, die Wirtschaft, der Alltag, die physische und kulturelle Reproduktion sind davon betroffen. Im Grunde gibt es kaum soziale, wirtschaftliche und kulturelle Verhältnisse, die gegen wissenschaftliches und technisches Wissen immun wären. Unser gesamtes Bildungssystem – besonders jedoch das System der beruflichen Bildung – muss, will es im Sinne seines Bildungsauftrages erfolgreich sein, nicht nur von diesem Erkenntnisstand wissen, es muss angemessene Antworten darauf finden und Instrumentarien entwickeln, denjenigen Trends entgegenzutreten, die die Zukunft zu belasten drohen.

Darstellung der gegenwärtigen Situation und Veränderung[1]

Wenn künftig ein Wettbewerb um Schulabgänger zu erwarten sein wird, der aus dem Rückgang der Geburtenrate der absoluten Neugeburten, und damit der künftigen Schulabgänger prognostiziert wird, dann ist eine Doppelstrategie zu entwerfen.
Damit die beruflich Qualifizierten dieser Konkurrenz künftig gewachsen bleiben oder in die Lage versetzt werden können, konkurrenzfähig zu werden, schlägt Weiß eine Doppelstrategie vor: „Auf der einen Seite muß die Attraktivität der dualen Berufsausbildung und eine betrieblich/berufliche Karriere erhöht und auf der anderen Seite Weiterbildung für die Höherqualifizierten erhalten und möglichst verbessert werden."[2] Aber es wird auch zu einem verschärften Wettbewerb um Schulabgänger innerhalb des dualen Systems kommen, denn Lehrstellenbewerber werden künftig unter unterschiedlichen Angeboten das für sie attraktivste auswählen können. **Attraktivität dürfte dann besonders von den IT-Berufen ausgehen.**

Empirische Untersuchungen lassen eine positive Aufnahme der Absolventen der Bachelor-Studiengänge erwarten. Da die Bachelor-Absolventen allerdings künftig niedriger als Diplomanten und Master-Absolventen gehaltlich eingestuft würden, treten sie damit in einen unmittelbaren Wettbewerb mit den beruflich Qualifizierten (aus dem dualen System).
Eine weitere Möglichkeit, für den entsprechenden Zuwachs von Attraktivität zu sorgen, sieht Weiß darum auch mit dem Übergang in Weiterbildungsmaßnahmen zu begegnen. Die rechte Hyperbel in unserer Graphik mit der Verzahnung

---

[1] Weiß, Reinhold, Demografische Herausforderung: Potentiale nutzen und Strukturen entwickeln!, in: Wirtschaft und Berufserziehung, 7/2006, S. 12-15
[2] Ebenda, S. 13

zum IT-Kernbereich weist darauf hin, dass unser Modell diese Möglichkeit einschließt.[1]

Auf der anderen Seite der Ellipse, nämlich bei der linken Hyperbel in unserer Graphik, ist der didaktische Anschluss an die allgemeinbildenden Schulen veranschaulicht. Weiß sieht darin, wie wir, ebenfalls ein Element der Zukunftsgestaltung gegeben. „Ein Schlüssel für die Verbesserung der Ausbildungsreife und eine bessere berufliche Integration liegt dabei in einer frühzeitigen Kooperation der Schulen, vor allem der Hauptschulen mit den Berufsbildungsakteuren vor Ort. Gemeint sind die Betriebe, die beruflichen Schulen, die Bildungsanbieter oder auch die überbetrieblichen Ausbildungsstätten. Durch längere Praxisphasen in Betrieben und Ausbildungsstätten würde der verbreiteten Schulmüdigkeit vorgebeugt werden."[2]

Außer diesen Verschränkungsmechanismen und Vorschlägen für eine Verbesserung der Betriebe im Wettbewerb um Nachwuchs sieht er auch noch die Notwendigkeit, die Weiterbildung im Sinne des lebensbegleitenden Lernens gegenüber der Erstausbildung zu verstärken.
Auch diese Verschränkung ist in unserem Modell angelegt.
„Um das Lernen im Lebenslauf zu fördern, wäre vor allem eine verbesserte Verzahnung von Bildungsphasen notwendig. Ein modularisiertes Bildungskonzept, das es erlaubt, zertifizierbare Kompetenzen berufsbegleitend zu erwerben, könnte helfen, zeitintensive Doppelqualifikationen zu vermeiden."[3]
Einen weiteren begrüßenswerten Vorschlag zur notwendigen Verschränkung von Inhalten schlägt Bley[4] vor, die mit ihrem EU-Modell Die Berücksichtigung des Dienstleistungsaspektes einfordert.

In der Berufsbildungspolitik hat der Prozeß der Veränderungen, wie er sich im System universitärer Strukturen nach Bologna andeutet, bereits begonnen. Seine weiteren Phasen können von den Strukturen der neuen IT-Aus- und Weiterbildungsberufen übernommen werden, die als Muster für das ganze System dienen können.
Die Weichenstellung, die das Eckwertepapier der BLK zur Reform der beruflichen Bildung vorgenommen hat (Flexibilisierung – Durchlässigkeit) ist eine zukunftsorientierte Voraussetzung für das System der beruflichen Aus- und Weiterbildung, die durch die Novellierung des BBiG rechtlich verankert ist.

---

[1] s. Grafik S. 16
[2] ebenda, S. 16
[3] ebenda, S. 16
[4] vgl. Bley, Birgit, Schlüsselqualifikation Kundenorientierung und Selbstorientierung in IT-Berufen, in: Wirtschaft und Berufserziehung, 2/2001, S. 16-19

Die gegenwärtige Diskussion entwirft auch Prognosen und fordert Konsequenzen unter der Voraussetzung, dass diese Prognosen auch eintreten. Die demografische Entwicklung führt zu Konsequenzen, die für die Aufrechterhaltung der Deckung des Bedarfs an qualifiziertem Nachwuchs zu ziehen sind. Bildungspolitische Entscheidungen haben Wirkung auch auf die Bedarfsdeckung.

Auf der Basis des oben genannten Eckwertepapiers wird es möglich, ein Modell für die IT-Berufsausbildung zu entwickeln, das betriebsspezifischer, individueller und differenzierter vorgegebene Ausbildungsziele angeht und die Kooperationsbreite der Lernortverbünde neu justieren kann.

Dabei ist zu berücksichtigen, dass die neuen Formen der Spezialisierung und Arbeitsteilung eine zunehmende Integration von Funktionen und Tätigkeiten bringen und dass vormals getrennte Arbeitsgänge aufgaben- und problemorientiert zusammengefaßt werden.[1] Je höher der Grad der Spezialisierung auf der Unternehmensebene wächst, desto größer entsteht ein Bedarf nach einer relativ engen Zusammenarbeit mit Dritten (mit Partnern – LB).[2]

Die Vorgänge auf dem Arbeitsmarkt zur Existenzsicherung gewinnen offensichtlich an Bedeutung. Dies mache sich in erhöhten Anforderungen an die Arbeitskraft hinsichtlich ihrer spezifischen Verhaltensposition auf dem Arbeitsmarkt bemerkbar. Diese veränderten Anforderungen an die Menschen im Bereich der allgemeinen Existenzsicherung und Lebensbewältigung müssen in die Qualifizierung einfließen.[3]
Deshalb müsse die Schule als öffentliche Erziehungsinstitution bestimmte Qualifizierungsaufgaben z. T. substitutiv übernehmen, weil die „Entindividualisierung der Erfahrungen" d. h. die abnehmenden Chancen in vielen gesellschaftlichen Bereichen etwas zu lernen oder aber Gelerntes anwenden zu können, zurückgehen. Wenn aber Qualifikationsbestimmungen nur beschränkt vermittelt werden, dann kann das störende Auswirkungen auf den Produktionsprozeß haben.

Das bisher oben angedeutete Modell der Zentralstellung des IT-Ansatzes zwischen der beruflichen Vorbildung und der vorberuflichen Bildung einerseits und den vielfältigen Formen der Weiterbildung und Weiterqualifizierung andererseits[4] ermöglicht Anerkennungen von Vor- und Zusatzqualifikationen,

---

[1] vgl. Picot, Arnold/Neuburger, Rahild, Veränderte Rahmenbedingungen – Ausgangspunkt für den betrieblichen Strukturwandel, in: Unterricht – Wirtschaft 13/2003/4, S. 6
[2] ebenda
[3] Büchner u.a., a.a.O., S. 50
[4] Einen solchen Gliederungsvorschlag machte schon Heinrich Abel. Er unterteilt den Bildungsweg zum Beruf in die Berufsvorbereitung, die Berufsausbildung und die berufliche Weiterbildung. Vgl.

Einrichtungen von Stufenausbildungen und Anerkennung von Qualifizierungsbausteinen und der Integration der „Berufsausbildungsvorbereitung". Zielperspektive ist die Verknüpfung von dualen und vollzeitschulischen Ausbildungsprinzipien.

Der Erfolg eines solchen Modells hängt davon ab, dass eine „Form radikaler Individualisierung der pädagogischen Lernsituationen" erfolgt. Die Flexibilisierung fordert eine klare Steuerung der Systemveränderung durch die Politik, diese bedarf der modellhaften Vorarbeit, die mit dem IT-Zentrum in Osnabrück geschaffen werden kann.

Berufsvorbereitung als Aufgabe der Pflichtschule, in: Berufserziehung und beruflicher Bildungsweg, hrg. Von Stratmann/Groothoff, Braunschweig 1968

Entwicklung eines Modellversuchs (MV) als Gelenkstelle zwischen vorberuflicher Bildung und hin zur Weiterbildung über die Berufsausbildung als Zentrum

Modell „IT-Kompetenz-Zentrum"

Die berufsbildende Schule ist Kern des Modells mit Betonung der Ausbildung in den Ausbildungsberufen im Dualen System. In diesen Kern integriert ist die Berufsbildung in den Berufsfachschulen.
Diesem Kern schließen sich an:
Zur Seite der allgemein bildenden Schulen deren Vorbereitung auf informationstechnische Grundkenntnisse, die als Teile der Grundfertigkeiten zur Allgemeinbildung zu rechnen sind.[1] Sie verbinden damit gleichzeitig Berufsvorbildung mit Berufsausbildung und leisten Berufsorientierung.

Hier ist eine Abgrenzung derart erforderlich, dass die Grundfertigkeiten, die ihrem Charakter nach spezifischen Ausbildungsberufen zugeordnet werden können (müssen), als Propädeutika dem IT-Kompetenz-Zentrum zuzuordnen sind. Die berufsbildende Schule übernimmt damit zumindest Teile einer neuen, zeitgemäßen Allgemeinbildung (Hessische Richtlinien in ihrer Arbeitslehrekonzeption). Diese ist nicht identisch mit allgemein bildenden Fächern, die zwar auch in berufsbildenden Schulen angeboten, aber nicht zur beruflichen Bildung gerechnet werden. Dieses Programm kann als Basis für ein curriculares Konzept gelten, das im IT-Zentrum zusammen mit den allgemeinbildenden Schulen als Spezifikum für Osnabrück erarbeitet wird und kooperativ spezifische Berufswahlhilfe leistet.

Auf der anderen Seite grenzt die IT-Ausbildung – neben der Eingliederung in das System der beruflichen Arbeit – an Bildungsvorgänge, die – institutionell, organisatorisch oder ad hoc – der Eingliederungsqualifizierung, Ergänzungsqualifizierung oder der Weiterbildung im e. S. angehören.
Sie gliedern sich in systematische Module, die die Schule den Absolventen anbietet, Einzelmodule, die die Betriebe anfordern und Qualifizierungsvorstellungen nach den Bedürfnissen der Angestellten. Letztere können mit besonderen Testierungen ausgestattet sein.
An beiden Schnittstellen sind Kooperationsformen zu entwickeln. Das ist wichtig für die Bewältigung von Querschnittsqualifikationen. Dieser Modellentwurf entspricht den im Berufsbildungsbericht 2005 des BMFB vorgestellten und diskutierten Forschungsberichten.

---

[1] s. Grafik S. 16

Die Berichte verbinden die Forschungsergebnisse zweier Studien: einer deutschen Trenduntersuchung in sieben Branchen, die im Berufsbildungsbericht 2002, S. 183 – 185 vorgestellt wurde und einer neueren, international vergleichenden Untersuchung zur Qualifikationsentwicklung im Electronic-business.

Die untersuchten Entwicklungen der Anforderungen und geeigneter Qualifizierungsmassnahmen bezogen sich auf
- kaufmännische IT-Kompetenz
- sozialkommunikative Netzkompetenz
- Prozesskompetenz im Netz
- Medienkompetenz.

Diese internationale Studie untersuchte auch, wie weit EDV- spezifische Kompetenzen als Basisqualifikation integrativ in der Erstausbildung oder auch im Rahmen von ergänzenden oder fortbildenden Qualifikationen vermitteln können.

Grundlegende IT-Effizienzen sollten auch nach dieser Studie künftig bereits vor Beginn eines Ausbildungsverhältnisses verstärkt vom allgemeinbildenden Schulwesen vermittelt werden. Die Aneignung von sozial-kommunikativen und methodischen Fähigkeiten wäre tendenziell vertiefend über Präsenzphasen im Rahmen der Institution „Berufsbildung" erforderlich. Es soll um branchenspezifische Zusatzangebote für kaufmännisch ausgerichtete Ausbildungsberufe gehen, denn das IT-business erfordert Spezifika überwiegend im Sinne eines integrativen langzeitlichen Kompetenzerwerbs, der deshalb seine Wurzeln zwar als spezifischer Allgemeinbildungskanon hat, dessen branchentypische Ausformung aber in der Berufsbildung fortgesetzt wird.

Als Modell wird auf bestehende modernisierte kaufmännische Ausbildungsberufe hingewiesen, wo Ansätze zur Qualifizierung im beschriebenen Sinne bereits zu finden sind. Beispielhaft wird der Querschnittsberuf Industriekaufmann/-frau genannt. Auch für den Beruf Kaufmann/Kauffrau im Einzelhandel gibt es Voraussetzungen für den integrativen Erwerb von kaufmännischen Kompetenzen im Handel im Bereich der Warenwirtschaft, die als vorberufliche Bildung genutzt werden können.

Diese Vorschläge sind kompatibel mit dem Niedersächsischen Schulgesetz, in dem es heißt: Die allgemein bildenden Schulen informieren die Schülerinnen und Schüler sowie ihre Erziehungsberechtigten im Rahmen der schulformspezifischen Zielsetzungen über Bildungswege in den berufsbildenden Schulen.
Sie können mit berufsbildenden Schulen Maßnahmen vereinbaren, um Schülerinnen und Schüler auf die Anforderungen einer Berufsausbildung oder den

Übergang in weiterführende Bildungsgänge der berufsbildenden Schulen vorzubereiten (Hospitationen in Berufsfachschulen, Tage der offenen Tür u. a.).
Lehrkräfte für Fachpraxis an den berufsbildenden Schulen können an Hauptschulen und Förderschulen im Rahmen berufsorientierender Maßnahmen eingesetzt werden.
Hauptschulen und Förderschulen können in Abstimmung mit den berufsbildenden Schulen den Einsatz von Lehrkräften für Fachpraxis bei der Schulbehörde beantragen. Diese entscheidet über den Umfang des von diesen Lehrkräften zu erteilenden Unterrichts.

Die Zuordnung einer sektorenübergreifenden Basis-IT-Kompetenz wird auch den befragten Unternehmungen vorgeschlagen, die evtl., zumindest partiell in allgemeinbildenden Schulen erworben werden sollte (s. oben den Hinweis auf das duale Ausbildungssystem in Deutschland). Konkret führen die Unternehmen aus: Kenntnisse und Erfahrungen mit Textverarbeitung und die Nutzung des Internets zu Recherchen sollen bei Eintritt in die Ausbildung vorhanden sein. Als fachspezifische Anwendungsqualifikationen wurde hervorgehoben: die permanente Anpassung der Hard- und Softwareinnovationen z.B. im Umgang mit integrierten Systemen.
Als weitere und zunehmend gefragte Qualifizierung wurde eine fachübergreifende IT-Querschnittsqualifikation prognostiziert, die eng verknüpft ist mit kaufmännischen Kernkompetenzen (Beschaffung und Absatz; Netzlogik; Ablauf und Kontrolle elektronisch unterstützter Geschäftsprozesse). Die IT-Betriebe – außer ihnen wurden noch Unternehmen im Handel befragt – sehen einen erheblich gestiegenen Bedarf an Anwendungs- und Überblickskompetenzen zur Erfüllung aller kaufmännischen Aufgaben, z.B. auch Verkaufs- und Marketingaktivitäten und Verständnis für rechtliche Angelegenheiten.
Für die internen und auch externen Kommunikationsprozesse gibt es einen Qualifizierungsbedarf zur Förderung sozialkommunikativer Kompetenz im Netz. Darin eingeschlossen ist auch interkulturelle Sensibilität in Verbindung mit fremdsprachiger Kompetenz, insbesondere für KMU.
Die gestiegenen Anforderungen – vom überwiegenden Teil der Unternehmen genannt – an die Medienkompetenz beziehen sich fachlich auf die Planung und Reflexion des bedarfsgerechten Einsatzes von IT zur Lösung von Problemsituationen, methodisch auf die Nutzung des Internets zur Informationsgewinnung sowie auf den zunehmenden Einsatz von Selbstlernmedien. Diese Firmen gehen davon aus, daß im Electronic-business große Schnittmengen kaufmännischer Basisqualifikationen in fachbezogenen methodischen und sozialkommunikativen Fähigkeiten gefordert sind.

Der von den Unternehmen geäußerte Wunsch nach Qualifizierung für fachlich-kaufmännische, sozial-kommunikative Tätigkeiten und im methodischen Bereich bezieht sich auch auf kombinierte informelle Weiterbildungsformen. Bei einer Differenzierung der Untersuchungsergebnisse wurde – trotz des permanenten Bedarfs an IT-Anpassungsqualifizierungen – bei Klein- und Mittelbetrieben der Schwerpunkt eher auf kaufmännische, bei Großunternehmen dagegen eher auf sozial-kommunikative Qualifikationsanforderungen und Ziele gelegt. Dabei kommt es für die KMU besonders darauf an, dass Qualifizierungsmaßnahmen passgenau zu den Anforderungen stehen. Diese Qualifizierungen werden in dem Abschnitt „Weiterbildung" vertieft.

Beide genannten Studien bestätigen, dass für kaufmännisch Beschäftigte von branchen- und berufsübergreifendem IT-business spezifische Basisqualifikationen auszugehen haben, die branchenspezifisch moduliert und integriert im Rahmen bestehender Berufe mit fachlichen, methodischen und sozialkommunikativen Fähigkeiten zu vermitteln sind. Gebraucht werden keine kaufmännisch/dv-technischen Hybridqualifikationen, sondern IT-Anwendungs- und IT-Querschnittkompetenzen. Diese sind jedoch für ein Ausbildungsprogramm zu konkretisieren. Bullinger u.a. haben dazu Studien der Bertelsmann-Stiftung vorgestellt, wie Qualifikationen erkannt und Berufe gestaltet werden müßten.

Der Gesamtaspekt der Studien steht unter dem Thema: „Qualifikationen erkennen/Berufe gestalten" und wird mit dem Ziel beschrieben, arbeitsnahe Dauerbeobachtung der Qualifikationsentwicklung zur Früherkennung von Veränderungen in der Arbeit und in den Betrieben zu präsentieren. Dieser Ansatz hat eine gewisse Affinität zu dem Modell von Jürgen Zabeck „Just-in-time-Ausbildung" und wird damit begründet, dass die arbeitsnahe Beobachtung Veränderungen, die im Zeitablauf auf berufliche Bildung und berufliches Lernen zurückwirken, sich zuerst in der Realität der Arbeit selbst zeigen. Damit wird der Forschung der Auftrag gestellt, diese Beobachtungen in die Ausbildung rückzubinden.

Hierzu einige inhaltlich-strukturelle Überlegungen. Die künftigen Qualifikationserfordernisse aus den Veränderungen der Arbeit werden durch eine breit angelegte Kompetenz bestimmt, innerhalb derer eine jeweils individuell spezifische Berufskompetenz entwickelt wird.
Zur Berufspraxis wird künftig der Umgang mit Unsicherheiten bezüglich der richtigen Durchführung einer Aufgabe zunehmen. Das fordert eine zeitweilige neue Rollenübernahme, die nicht mit der traditionellen Berufsrolle identisch oder kongruent ist.
Darüber hinaus gehört unternehmerisches bzw. Management-Denken zunehmend künftig zur Berufspraxis, denn gearbeitet wird künftig stärker in Netzwerken und künftige Arbeit wird stärker von ethischen Werten mitbestimmt.

Die Expertenbefragungen von Bertelsmann ergaben, dass diese Analyse für die Zukunft bedeutet, dass eine Steigerung der Weiterbildung von Mitarbeitern erforderlich sein wird, dass dagegen die Einweisungen oder Lernen am Arbeitsplatz zurückgehen werden, ebenfalls der Erkenntniserwerb über die berufliche Erstausbildung. Dagegen bleibt das selbständige Erarbeiten berufsbezogener Fachliteratur auf gleichem Niveau. Ein Aspekt, der bisher in Weiterbildungsmodellen kaum Berücksichtigung fand. Zwar bleibt die berufliche Erstausbildung am Arbeitsplatz noch wichtigste Form des Kenntniserwerbs, verliert jedoch an Bedeutung, während die betriebliche Weiterbildung in ihrem Wert konstant bleibt.

Berücksichtigung des Modells auf der vorberuflichen Ebene bleibt Ansatzpunkt zur Funktion der Perspektive künftiger beruflicher Anforderungen. Diese künftigen beruflichen Anforderungen wurden von Platte 1990[1] als Ergebnis einer Untersuchung der technikinduzierten Veränderung der Arbeitswelt seit den 70er Jahren zusammengefaßt. Sie führte zu einer Neugewichtung von Strukturqualifikationen. Bei einer ordinalen Aufzählung ergeben sich etwa folgende Qualifikationen:
1. Abstraktionsfähigkeit
2. Planungsfähigkeit
3. Systematisierungsfähigkeit
4. Problemlösungsfähigkeit
5. Urteilsfähigkeit
6. Entscheidungsfähigkeit
7. Kommunikationsfähigkeit
8. Teamfähigkeit
9. Kodierungs- und Dekodierungsfähigkeit
10. lebenslange Lernfähigkeit
11. geistige Beweglichkeit und Offenheit
12. Fertigkeiten in neuen Techniken.

Neu ist die technik- und arbeitsorganisationsinduzierte Breite dieser Qualifikationen, die jedoch die „alten" nicht ersetzen, sondern sie ergänzen müssen.

Die Informationen der Politik über die Bedingungen der zukünftigen Entwicklungen sind eher als unvollkommen, ungeordnet und unsystematisch und vor allen Dingen unkoordiniert zu bezeichnen (in der Bertelsmann-Studie als mismatch bezeichnet). Das bedeutet für die Jugendlichen im Berufswahlprozess, dass sie unter Unsicherheit und ohne ausreichenden Einblick in die Konsequenzen ihrer Wahl ihre Entscheidung treffen müssen. Diese Bedingung gilt und galt zwar allgemein, ist jedoch heute wegen der Arbeits- und Ausbildungsmarktlage

---

[1] vgl. Platte, Hans K. (Hg.), Das Projekt, Köln 1999, S. 10

und der verstärkten Änderungstendenz in den Strukturen und Anforderungen besonders industrieller Arbeit stärker belastend.

Das Institut für Arbeitsmarkt- und Berufsforschung (IAB) stellt unter makroökonomischen Ansätzen Prognosen auf. Deren Berechtigung und deren Wert soll nicht angezweifelt werden, es fehlen jedoch in Deutschland neben diesen makro-ökonomischen mikro-ökonomische Ansätze zur Prognoseerstellung. Diese brachten und bringen eine statische Betrachtung der Qualifikationsanforderungen innerhalb der Berufsgruppen und vernachlässigen Substitutionseffekte zwischen Berufsgruppen.

Überlegungen zur „Verzahnung" oder zu Kooperationen sind schon häufiger angestellt worden, da die allgemein bildenden Schulen Berufsorientierung kaum zu ihrem Erziehungsauftrag rechnen[1] und im berufsbildenden Schulwesen die Berufswahl schon vollzogen sein muss mit dem Risiko der falschen Berufswahl. Einen interessanten Versuch eines Ansatzes zur Verzahnung unternahm Heinz Joachim Barsickow[2]. Für das Modell „IT-Kompetenzzentrum" reichen jedoch die einfachen Parallelsätze von Barsickow nicht aus, in eine berufsbildende Schule ein Praktikum zu integrieren.

Nach Erweiterung der Struktur im Berufswahlprozess zu einem Drei-Säulen-Modell, in dem in einem Zusammenwirken Eltern, Schule und Berufsberatung versuchen, ein optimales Beratungsangebot zu machen, wird die Berufswählerrolle neu zu interpretieren sein: denn sie enthält jetzt neben der Notwendigkeit, die angebotenen Inhalte einzeln auf ihre eigene Brauchbarkeit zu prüfen, jetzt auch eine Ausgewogenheit zwischen den drei verschiedenen Informationsquellen und damit ein hohes Maß an Flexibilität zu schaffen.

Die Zusammenarbeit bedarf einer weitergehenden Begründung. Es ist zu untersuchen, wie weit die Jugendlichen in diesem kombinierten Prozess auch – oder gerade – von den Eltern lernen können, was für ihre individuelle Berufswahl erforderlich und wichtig ist. Das heißt die Frage zu stellen, wie weit kann außerschulisch von den Eltern und auch von den Vermittlungsinstanzen der Selbsterfahrung – den Betriebspraktika – ein nicht institutionalisiertes, ein nicht schulisches Lernen ausgehen, das den Lern- und Informationsprozess der beiden anderen genannten Institutionen zu unterstützten vermag.

Auch – wie in der Weiterbildung seit mehr als 10 Jahren diskutiert – in der vorberuflichen Bildung können die traditionellen Formen nicht mehr denAnsprü-

---

[1] vgl. Beinke, Lothar, Berufsorientierung und peer-groups, Bad Honnef 2005,
[2] vgl. Barsickow, Heinz Joachim, Berufswahlorientierung in der Handelsschule, in: Wirtschaft und Gesellschaft im Beruf, 23/1998/5, S. 180 - 183

chen gerecht werden. Nichtinstitutionalisierte Angebote verändern und ergänzen besonders die Beratungsprozesse. Im Zuge einer Bildungsreform sind neue Inhalte gefordert und in das Schulsystem eingeführt durch „außerschulische Lernorte", wie Betriebserkundungen und Betriebspraktika. Sie verschaffen die Abkehr von additiv zusammengestellten Einzelangeboten hin zu offen und selbst organisierten Entwicklungsprozessen.

Die Schule kann für diese Lerninhalte nicht mehr unmittelbar die Verantwortung zur Erreichung der Lernziele und Lerninhalte übernehmen. Statt der Lernorganisation ausschließlich nach der „Instruktionslogik" von Qualifizierungsprozessen zu folgen, geht sie mehr hin zu einem Initiieren, Aufbauen und Ausgestalten von Entwicklungsverläufen auf den Ebenen Individuum – Gruppe/Familie – Organisation und regionaler Lebensräume.[1]

---

[1] Schäffter, Ortfried, Weiterbildung in der Transformationsgesellschaft, Berlin 1997, S. 34

Berufsorientierung
Informationen für Eltern, Schülerinnen und Schüler

Berufsorientierung an allen weiterführenden allgemein bildenden[1] Schulen

Alle berufsorientierenden Maßnahmen, die für Haupt-, Real- und Förderschulen, für Gymnasien und für Gesamtschulen vorgesehen sind, haben das Ziel, den Ausbildungs- und Berufseinstieg vorzubereiten.

Das Gesamtpaket der berufsorientierenden Maßnahmen vermittelt den Schülerinnen und Schülern die Erkenntnis, welchen Wert ihr bislang erworbenes schulisches Wissen hat und wie wichtig es ist, gemeinsam mit anderen gut zusammen zu arbeiten und an erteilten Aufgabenstellungen verlässlich mitzuwirken.

Die berufsorientierenden Maßnahmen unterscheiden sich an den einzelnen Schulformen, denn das Gymnasium hat durch den Bildungsauftrag im Schulgesetz ein anderes Profil als die Hauptschule. Während die Hauptschule eine vor allem berufsbezogene Schwerpunktbildung verfolgt, ist das Gymnasium eher studienbezogen ausgerichtet. Diese Unterschiede im schulgesetzlichen Auftrag zeigen sich daher auch im Bereich der Berufsorientierung.

Große Übereinstimmung besteht jedoch in dem Auftrag, dass alle Schulformen bei der Durchführung berufsorientierender Maßnahmen mit Betrieben, Wirtschaftsverbänden, berufsbildenden Schulen, der Berufsberatung und anderen außerschulischen Partnern zusammenarbeiten. Hierzu zählen auch Einrichtungen in kirchlicher Trägerschaft.

Betriebs- oder Praxistage

Betriebs- oder Praxistage haben das Ziel, berufsbezogene Lern- und Praxiserfahrungen sowie erste allgemeine Erfahrungen über den Arbeitsalltag in Betrieben zu sammeln. Dabei sollen Aufgaben erledigt werden, an denen Schülerinnen und Schüler sich bewähren können und bei denen sie möglichst selbständig geeignete Tätigkeiten ausführen dürfen.

Schülerbetriebspraktika

Ziel der Schülerbetriebspraktika ist, vorbereitend auf die Anforderungen im Berufsleben und in der Ausbildung hinzuführen. Die Schülerinnen und Schüler

---

[1] s. Erlaß des MK „Berufswahl an allgemeinbildenden Schulen" im Internet www.mk. niedersachsen.de. Einen besonderen Aspekt der Berufsorientierung behandelt das MK in: Die Arbeit in der Hauptschule, Hannover 2004

überprüfen ihre Vorstellungen und Erwartungen und erwerben sachgerechte Kenntnisse und Einsichten über technische, ökonomische und soziale Zusammenhänge im Betrieb.

Betriebserkundungen

Betriebserkundungen haben das Ziel, einen Betrieb unter vorab erarbeiteten Fragestellungen in begrenzten Bereichen genauer „unter die Lupe" zu nehmen – ihn zu erkunden – um anschließend mit den Erkundungsergebnissen gezielt zu arbeiten. Dieses systematische Herangehen mit klar definierten Erkundungsabsichten und -zielen unterscheidet die Betriebserkundung von einer Betriebsbesichtigung. Die Zielsetzung der jeweiligen Betriebserkundung kann je nach Schulform unterschiedlich sein. Betriebserkundungen finden in Betrieben statt, mit denen vor der Betriebserkundung die zu bearbeitenden Fragestellungen einvernehmlich abgeklärt wurden.

Die Absichten der Jugendlichen, das oben (S. 44) gemeinte Ziel der Vorbereitung auf den Ausbildungs- und Berufseinstieg zu erreichen, dürfen aber nicht dilettierend verfehlt werden. Deshalb sei eine Warnung ausgesprochen: Nicht in die Hände der Schulpädagogik, vielmehr in die Hände der Fachdidaktiker der Arbeitslehre gehört die Betreuung der Berufswahlvorbereitung (vgl. dazu auch S. 12 in diesem Bande).

Man hatte im Verlauf der Diskussion seit Erstellung des Rahmenplans den Eindruck, dass die Schulpädagogik für sich das Problem auf zweierlei Weise zu lösen versuchte:
 – durch ein Abwehren der Ansprüche des Faches Arbeitslehre, da es der von Abel kritisierten „zweckfreien Allgemeinbildung" zuwider laufe
 – oder durch Versuche, das Problem nach eigenem Verständnis zu adaptieren

Zwar stellt eine zukunftsfähige Arbeits- und Berufsorientierung eine Aufgabe für die ganze Schule dar, sie hat jedoch ihren Kernbereich im Lernfeld Beruf, Haushalt, Technik, Wirtschaft / Arbeitslehre – so die neue Positionierung dieser Aufgabe nach dem von allen beteiligten Disziplinen entwickelten Kerncurriculum Arbeitslehre. Erst dieses Lernfeld, so hat die Reformdiskussion seit 1964 gezeigt, sichert die hierfür konstitutive Grundbildung und orientiert sich in seiner Gesamtheit auf die damit verbundenen komplexen individuellen und gesellschaftlichen Handlungszusammenhänge. Diese Gesamtheit des Lernfeldes stellt eine Wissensdomäne dar.

In den nachfolgenden Diskussionen um die Etablierung des neuen Faches und mit bildungspolitischen Rahmensetzungen wurde die vom DA gestaltete Fachlichkeit der impliziten Berufsorientierung als zusätzliche „Säule" – als zusätzliches explizites Teilgebiet – den drei oben genannten Fachgebieten die Berufswahl (die Berufsorientierung) hinzugefügt.

Die Berufswahl erwies sich auch in der Folge – nicht zuletzt durch die eigene Forschung über die Fachgrenzen hinaus und unabhängig von der BA, diese aber zu einer größeren Einheitlichkeit verdichtend – als die Leitperspektive. Dieses hat auch noch einmal die KMK-Verlautbarung von 1987 zur Weiterentwicklung des Lernfeldes Arbeitslehre mit ihrem Hinweis auf die didaktische Kategorie Arbeit unterstrichen. Ohne das Zusammenwirken aller beteiligten Disziplinen ist das zentrale Problem jeglicher Berufswahl nicht zufriedenstellend lösbar: Die Entscheidungen müssen von den Jugendlichen unter Unsicherheit getroffen werden. Jede Entscheidung – auch die endgültige Entscheidung für einen Beruf – kann sowohl aus Zwängen der Informationsaufnahme, der Informationsselektion und der Beurteilung von Informationen nur unter Unsicherheit erfolgen.[1] Ein Faktor dieser Unsicherheit ist die Notwendigkeit der Entscheidung unter Zeit. Eine Minimierung dieser Unsicherheit erfordert keineswegs nur umfangreichere (ausreichende?) Information. Denn gerade die Informationsbeschaffung, Informationsauswertung und Informationsbewertung wirkt sich unter Umständen sogar kontraproduktiv aus. Der Prozess der Berufswahl mit seinem wichtigen Kernstück der Berufsorientierung erfordert curriculare Hilfen, die ihn in den gesamten Ablauf dieses Prozesses integrieren, damit die Jugendlichen die Chance zur individuellen Informationsnutzung haben.

Es ist zwingend, besonders da dieser noch junge Lernbereich, dessen Reputation im Wesentlichen von der inzwischen im Rahmen einer zukunftsfähigen Allgemeinbildung als unverzichtbar akzeptierten Arbeits- und Berufsorientierung getragen wird, dass die vier Säulen: Technik, Ökonomie, Haushalt und Berufsorientierung nur als gemeinsame Perspektiven des Ganzen – nämlich des Faches Arbeitslehre – gemeinsam erhalten bleiben.

---

[1] vgl. Keiner, Edwin, Unsicherheit – Ungewißheit – Entscheidung, in: Zeitschrift für Erziehungswissenschaft, 2/2005/9

Der Modellversuch von der vorberuflichen Bildung hin zur Weiterbildung

Die Einrichtung des IT-Kompetenzzentrums läßt sich – wie die weiteren Ausführungen belegen sollen – wegen der veränderten Anforderungen sowohl an die Ausbildung, an die Weiterbildung aber auch an die vorberufliche Bildung, und damit an die Berufswahl auch als ein Modell konzipieren, in dem Überwege geschaffen werden, in denen scharfe Schnitte und abgrenzende Akzentuierungen vermieden werden.

Dieses muss
- die Berücksichtigung der ursprünglich eigenen Bildungsbereiche
- die Berücksichtigung der Anforderungen, die von den neuen Berufs- und Arbeitsbedingungen, aber auch von den künftigen Veränderungen ausgehen

garantieren.

Dabei ist es nicht erforderlich, ein vollständig neues Konzept zu entwickeln, vielmehr gilt es, bestehende Ansätze daraufhin zu prüfen, wie sie in einem Adaptionsprozess für ein solches Modell geeignet sind.
Aus Plausibilitätsgesichtspunkten erscheint das Modell zur Weiterbildungsseite hin einen fast organischen Zusammenhang mit dem Zentrum der Dualen Ausbildung und beruflichen Vollzeitbildung zu haben.
Ungewöhnlicher ist die Anbindung und Einbindung der vorberuflichen Bildungsprozesse – der Berufswahlprozesse – an und in das Modell.

1971 beschlossen die KMK und die Bundesanstalt für Arbeit eine Vereinbarung, dass nämlich beide Teile: Berufsberatung der Arbeitsverwaltung und Schulen die Situation der Schüler in der Berufswahl und zur Berufsausbildung hin in gemeinsamer Aktivität gestalten und dabei die jeweilig eigenen Schwerpunkte einbringen sollten. Dies stand im Zusammenhang mit den Diskussionen die der Deutsche Ausschuß für das Erziehungs- und Bildungswesen (DA) sowohl mit seinen Reform- und Strukturvorschlägen für die allgemeinbildenden Schulen und deren Ausrichtung als auch verstärkt auf die Bewältigung der Probleme in der Berufs- und Arbeitswelt und in den berufsbildenden Schulen vorgelegt hatte. Neben dem Vorschlag des DA, für die allgemeinbildenden Schulen das neue Unterrichtsfach „Arbeitslehre" einzurichten, das zunächst noch keine strukturellen Konzepte für die Berufswahl enthielt, die später durch die KMK und den Bildungsrat eingebracht wurden, gab es auch zwei Richtungen, die sich konzentrierter mit der Berufswahl in Schulen beschäftigten. Der erste Ansatz sah die Lösung in der prinzipiellen Einordnung der ganzen Thematik in alle Fächer (Arbeitslehre als Unterrichtsprinzip), der andere sah einen Berufswahlunterricht als selbständigen Auftrag zu etablieren.

Am Anfang dieser Auseinandersetzung stand das Gutachten von Dibbern/Kaiser/Kell[1] für die Bundesanstalt für Arbeit.[2] Diese Autoren haben gefordert, bei der Berufsorientierung die berufliche Realität voll zu erfassen und sie stellen fest, dass der Übergang von der Schule in das Berufsleben bisher durch eine statische Berufsauffassung und unzureichende Information geprägt sei. Sie verstanden ihren Prozessvorschlag als interaktiv, d. h. er vollzieht sich in Stufen der Informations- und Erkenntnisgewinnung.

Dieses Konzept ist schon im Ansatz – aber dann auch durch die weitere nicht programmgemäß erfolgte Einrichtung von beruflicher Grundbildung – gescheitert. Gescheitert ist allerdings insbesondere die Berufsfeldkonstruktion als ein Aggregat verwandter Berufe, auch wenn sie nur vorläufigen Charakter – nach Dibbern/Kaiser/Kell – haben sollten und einer permanenten Kontrolle und Korrektur bedürften. In der Berufsfeldstruktur – darauf weist Kell auch später selber nachdrücklich hin[3] – hat besonders Lipsmeier[4] den Grundfehler der Berufsfeldstruktur sehr früh aufgedeckt. Außer den Strukturmängeln allerdings ist auch die Forderung nach prinzipieller Vorläufigkeit und permanenter Kontrolle und Korrektur illusorisch bei der Schaffung brauchbarer Organisationen und Strukturen für die Schule. Sie erscheint auch als Alibi und Eingeständnis der kaum gründlich strukturell und inhaltlich durchdachten Konzeption.

Übergang von der allgemein bildenden Schule in die Berufsbildung

In den siebziger Jahren wurde eine Theorie des Berufswahlvorganges diskutiert.[5] Die grundlegende Bildung in diesem Berufswahlvorgang müsse den Schülern orientierend und probierend Einstiege in die Berufswirklichkeit bieten. Dieser Berufswahlvorgang hat einen prozessualen Verlauf, in dem die gestellte Aufgabe gelöst werden soll. Letztlich ist es das Ziel, den Lehrstoff der Berufsgrundbildung unter die

- Perspektive und die
- Fragestellung

---

[1] Vgl. Dibbern, Harald/Kaiser, Franz-Josef/Kell, Adolf, Berufswahlunterricht in der vorberuflichen Bildung, Bad Heilbrunn 1974
[2] Reform und Strukturvorschläge zur Lösung der Übergangsproblematik von allgemeinbildender Schule in die berufsbildenden Schulen. Hier: Dibbern, Harald, a.a.O.
[3] Kell, Adolf, Übergang vom Sekundarbereich I in den Sekundarbereich II, Heft 5/1977, S. 380-387
[4] Lipsmeier, Antonius, Von der Berufsbildung zur Erwachsenenbildung, in: Beinke, Lothar (Hg.) Zwischen Schule und Berufsbildung, Bundeszentrale für politische Bildung, Bonn 1983, S. 156-172
[5] Vgl. Beinke, Lothar, Die Notwendigkeit einer Theorie der Berufswahlvorbereitung, in: Pädagogische Rundschau 31/1977/7 S. 817-834. Darin besonders von Udo Müllges, Der Berufsweg in der Industriegesellschaft

der beruflichen Lebensaufgabe zu rücken. Der Übertritt für den Jugendlichen in die Arbeitswelt geschehe dann weniger abrupt. Gemeint sind damit nicht produktionsähnliche Formen in Schulen, die nur mehr oder weniger schlechte Imitationen seien. Denn wirklich arbeiten lerne man erst an Ort und Stelle des Produktionsprozesses. Arbeiten sei nicht vor dem Beruf, sondern in dem Beruf zu erlernen.

Der Anstoß zu diesem Plan wurde vom DA bereits in seinem „Rahmenplan 1959" gegeben. Otto Monsheimer beschreibt diese Stufe in dem damaligen Bildungsreformansatz.[1] Es sollte ein gleitender Übergang von der Schule in die „technisierte Arbeitswelt" im Jahr der Berufsorientierung (9. Schuljahr) geschaffen werden, der als „Integrationsstufe zwischen Allgemeinbildung und Berufsbildung" mit der Aufnahme beruflicher Elemente und Übergangsfelder vorzusehen wäre. Damit wäre innerhalb des Gesamtkonzeptes eine „Integrationsstufe" etabliert. Im 10. Schuljahr wären dann die Erfahrungen der Berufsfachschulen als Denkmodell zu nutzen. In den Empfehlungen des DA sind im Bd. 5 Vorstellungen entwickelt, die Gegensätze zwischen Berufsbildung und Allgemeinbildung zu überwinden[2] und die Zusammenarbeit von Hauptschullehrern, Berufsschullehrern und der „werkseigenen Bildungsarbeit" nutzbar zu machen.

Die oben entwickelte Konzeption unseres IT-Modells in Verknüpfung in einer ersten integrativen Form will versuchen, die partielle Aufhebung der Trennung von Berufs- und Allgemeinbildung als Berufsorientierungsphase zu definieren. Es bedarf hierzu einer Darstellung der Berufsorientierung, wie sie sich seit den Reformdiskussionen um den DA entwickelt hat.

Berufsorientierung unter den Gesichtspunkten veränderter Tätigkeitsmerkmale in den konkreten Arbeitsbedingungen

Da die betriebliche Ausbildung, besonders in den prestigegehobenen Berufen, heute in vielen Fällen von Bewerbern bei einer großen Anzahl von Berufen längst nicht mehr ihre ursprüngliche Funktion habe, sondern eine Stufe in einem Prozess sei, der zu weiteren karrieremäßigen Orientierungen führe, sei die Festlegung auf einen einmal gewählten Beruf bei einer recht großen Zahl von Berufswählern kaum noch insofern intendiert, als auch die betriebliche Bindung, und damit die Bindung an betriebsspezifische Funktionen und an den Arbeitsplatz, wegzufallen beginne. Das gelte für die Aufnahme und Orientierung an

---

[1] vgl. Monsheimer, Otto, Der Rahmenplan des Deutschen Ausschusses für das Erziehungs- und Bildungswesen der berufsbildenden Schulen, in: Die Deutsche Berufs- und Fachschule, 55. Bd., 9/1959, S. 625-651
[2] vgl. ebenda, S. 46 f.

Weiterbildungsmaßnahmen[1], müsse aber auch bei einem Versuch berücksichtigt werden, eine Berufswahlorientierung zu institutionalisieren.[2]
Hier könnte ein Ansatz für das Osnabrücker Modell liegen, der sich an das Projekt des Handwerks „Einstiegsqualifizierung" anlehnt.[3] Es wird beschrieben als ein gelenktes Betriebspraktikum, in dem zunächst Betriebe Bewerbern die Möglichkeit geben, sich einem Testprogramm in eben einem solchen gelenkten Betriebspraktikum zu stellen. Von dieser Einstiegsqualifizierung könne bei Bewährung ein Eintritt in die Ausbildung jederzeit getätigt werden. Damit könnten „paßgerechte Qualifizierungsbausteine", die eine gewisse Ähnlichkeit mit dem just-in-time-Modell von Zabeck zu haben scheinen, entwickelt werden. Dieses Modell von Kloas mag für das Handwerk einen Ansatz bieten, Anwerbeschwierigkeiten bei der Besetzung von Ausbildungsplätzen zu mildern. Für hochqualifizierte Forderungen, die an besondere IT-Berufe zu stellen sind und für die Personalstrukturpolitik moderner Produktions- und Dienstleistungsbetriebe können sie einen Anstoß zu weiteren Überlegungen geben.
Das Modell wird hier vorgestellt, weil für das Osnabrücker Modell eine Adaption dieser Einstiegsqualifizierung in der berufsorientierenden Phase überlegenswert erscheint. Dabei könnte die Berücksichtigung eines Vorschlages von Andreas Schelten ergänzend hilfreich sein.
In einem Versuch zwischen zwei unterschiedlichen theoretischen Ansätzen zur Begründung und Gestaltung von Unterricht versucht er eine Brücke zu schlagen, wie er es nennt: eine „Balance zwischen den beiden Auffassungen von Unterricht einzugehen."[4] Während er den objektivistischen Unterricht als einen Unterricht charakterisiert, in dem Wissen in fachsystematische Strukturen „instruktionsorientiert" durch den Lehrer vermittelt wird, wobei er diesen Unterricht auch in einer Entsprechung zum wissenschaftsorientierten Unterricht sieht bzw. stellt, sieht der konstruktivistische Unterricht sein Ziel in passivem Aufnehmen und Abspaltung von Informationen und Wahrnehmungen, als einen aktiven Prozeß der Wissenskonstruktion. „Etwas lernen heißt, das Konstrukt im Kopf zu überarbeiten oder zu erweitern. Es heißt, sich aktiv und intensiv im Lerngebiet auseinanderzusetzen."[5]
Damit ein solcher Unterricht erfolgversprechend und zielorientiert durchgeführt werden kann, müssen die Lerngegenstände in einem von Lernenden aktiv aufbauenden Prozess angenommen werden und dazu gehört, dass sie in einem konkreten Situationsbezug stehen.

---

[1] Dieser Aspekt wäre für das „Osnabrücker Modell" eine argumentative Unterstützung
[2] vgl. Rebhahn, Hans, Förderung der Berufsbildung im Rahmen des neuen Betriebsverfassungsgesetzes, in: Berufliche Bildung 9/1972, S. 179 - 192
[3] Kloas, Peter-Werner, Meilensteine auf dem Weg ins Berufsleben, in: Wirtschaft und Berufserziehung 1/2006, S. 11 f.
[4] vgl. Schelten, Andreas, Objektivistischer und konstruktivistischer Unterricht, in: Die berufsbildende Schule, 58/2006/2, S. 39 f.
[5] ebenda

Solche Modelle schlug die Arbeitsgemeinschaft Schule-Wirtschaft als „Erlebnis Arbeitswelt" vor,[1] die als realistisches Exempel für unseren Vorschlag gelten können.

Bei den Vorschlägen ging es um die Erweiterung der Lernsituationen durch Schüler-Auszubildenden-Projekte. Sie bezogen sich auf vier Schwerpunktbereiche:
- Auszubildende informieren Schüler als Experten
- Auszubildende beraten Schüler bei der Arbeit in Schülerfirmen
- Auszubildende betreuen Schüler bei der Vorbereitung, Durchführung und Auswertung von Betriebserkundungen
- Auszubildende bearbeiten gemeinsam mit Schülern ein Lernprojekt.

Die einfachen Projekte und leicht realisierbaren sind organisierte Unterrichtsbesuche. Es ergibt sich eine enge Beziehung zu den schulischen Leistungen und notwendigen arbeitsrelevanten Basiskompetenzen.

Die „Betriebserkundungsprojekte" erlangen im Unterricht ein neues Gewicht, wenn sie differenziert und mit fachkundiger Betreuung vor- und nachbereitet werden. Zu den eher anspruchsvollen Projekten sind die Betreuungen von Schülerfirmen eingeschätzt, in denen realitätsnah Aspekte der Wirtschaftswelt thematisiert werden. In solchen Schülerfirmenbetreuungen sind Auszubildende als Experten hilfreich. Auszubildende übernehmen auch Patenschaften für eine Schülerfirma.

Die Schüler nehmen Hilfestellungen und Ratschläge von Auszubildenden eher an als von ihren Lehrern. Sie sind für die Schüler im Betrieb als Experten tätig. Die Schüler erkunden und lernen einen potentiellen Arbeitsplatz und sie lernen den Zusammenhang zwischen beruflichen und schulischen Anforderungen kennen.

Berufsfachschule

In jedem Falle sollen die Diskussionen an die Übergangsproblematik heranführen, die direkt in die Berufsbildung hineinwirkt. Eine andere Gruppe entwickelte konkrete Modelle, die – zunächst losgelöst von der Einordnung in Fächer oder als Unterrichtsprinzip oder als Organisationsformen – die Berufsorientierung als Thema generierten, dabei vermieden sie die organisationsabhängigen Einordnungen dadurch, dass sie sich statt an Schulformen an die Stufung des Bildungswesen anschlossen.[2]

---

[1] Meschenmoser, Helmut, Azubis und Schüler lernen mit Gewinn, Über die Vorteile von Schüler-Azubi-Projekten: Erlebnis Arbeitswelt, Schule-Wirtschaft, o.O.,o.J.S. 10-13
[2] vgl. Behrens, Gerd/Hoppe, Manfred/Hübner, Manfred,/Moddick, Hans-Eberhard/Schoof, Dieter,

Zum ersten Typ sind die Vorschläge von Otto Monsheimer zu zählen, der in der Diskussion um den Rahmenplan des Deutschen Ausschusses um das Erziehungs- und Bildungswesen[1] eine Neuordnung der pädagogischen Theorie forderte. Der Deutsche Ausschuß selbst wollte eine Zusammenarbeit zwischen Haupt- und Berufsschule erreichen.[2]

Kell[3] ging es um den Übergang vom Sekundarbereich I in den Sekundarbereich II. Unsere Diskussion um das IT-Kompetenzzentrum könnte mit der Neustrukturierung dieses Feldes in der Berufsausbildung in seiner Form der Zusammenfassung der Kompetenzvermittlung mehrerer einschlägiger Berufe dann von den Integrationsgedanken Kells profitieren, wenn ebenfalls rückgreifend auf die vorberufliche Bildung – Berufswahlphase am Ende der allgemeinbildenden Schulpflicht zur Verbesserung der Berufswahlchancen für die potentiellen Schulabgänger – Anleihen übernommen werden, die in diesem Falle dann in einem möglichst kontinuierlichen Verlauf auch die Basis bieten, Weiterbildungsmaßnahmen vorausschauend zu berücksichtigen.

Dieser Aspekt der vorausschauenden Weiterbildungsinitiativen, die bei den Entwicklungsprognosen von IT-Berufen oder Berufen mit verstärktem Anteil IT-spezifischer Ausbildungs- und Tätigkeitsinhalte recht breit und intensiv geführt wird, (da ein großer Teil der IT-Beschäftigten sogenannte Quereinsteiger sind, die nach anderer Berufsausbildung mit zusätzlicher IT-Ausbildung in solche Tätigkeitsbereiche eintreten,) weist auch auf die Problematik der durch ungünstige Berufswahlperspektiven verursachten Fehlsteuerungen in der Berufswahl. Eine Fehlsteuerung mündet nicht selten in einen Ausbildungs- oder Berufsabbruch, vermindert oder verhindert den Eintritt in eine qualifizierte Berufstätigkeit.

Kell spricht in seiner Funktionsbestimmung des BGJ von einer Gelenkfunktion[4], deren Bestimmung er wie folgt beschreibt:
- „Die zunehmende Spezialisierung in der Arbeitswelt erfordert erhöhte Kooperationsfähigkeiten, Kooperationsbereitschaft, die das Erkennen von Gesamtzusammenhängen voraussetzt. Die mit der Spezialisierung verbundene ständige Veränderung der Erwachsenentätigkeit erfordert Umstellungsfähigkeit und Umstellungsbereitschaft, die nur auf der Basis von breit angelegtem beruflichem Wissen und von Schlüsselqualifikationen zu vermitteln ist.

Berufsorientierung in der Sekundarstufe I, in: Schoenfeldt, Eberhard, (Hg.) Polytechnik und Arbeit, Bad Heilbrunn 1979, S. 317 - 340
[1] Wir sind auf diese Vorschläge oben (S. 51) ausführlicher eingegangen
[2] Empfehlungen des DA, Bd. 5, Stuttgart o.J. (1960), S. 69 f.
[3] Vgl. Kell, Adolf, in: Bildung und Erziehung, 5/1977, a.a.O.
[4] ebenda, S. 382

- Die Jugendlichen werden auf den Übergang vom allgemeinen Schulwesen in das Berufsbildungssystem nur ungenügend vorbereitet, vor allem, weil die Lerninhalte der Sekundarbereiche I und II wenig aufeinander bezogen sind. Die Berufswahl des Jugendlichen wird ... durch eine Fülle von Entscheidungsalternativen ... erschwert; Korrekturen einer einmal getroffenen Ausbildungsentscheidung sind mit erheblichen zusätzlichen Anstrengungen und Kosten verbunden."[1]

Er bezieht sich mit dieser perspektivischen Darstellung auf Argumente, die bereits 1970 vom Deutschen Bildungsrat entwickelt und auf die Integration vom allgemeinen und beruflichen Lernen in der Sekundarstufe II gerichtet waren. Hier könne dem Berufsgrundbildungsjahr eine Gelenkfunktion zwischen der vorberuflichen Bildung und der beruflichen Fachbildung zukommen, die durch die Herstellung des didaktischen Zusammenhangs zwischen den beiden Bereichen zu realisieren ist.

Es wäre dann modellhaft an die Ideen Kells anzusetzen. Sie könnten auf die Osnabrücker Situation am IT-Kompetenzzentrum adaptiert werden.

Kell verweist dann noch einmal darauf, dass es – auch nach dem Bildungsrat – darauf ankomme, den didaktischen Zusammenhang zwischen vorberuflicher Bildung und beruflicher Fachbildung herzustellen.

Uns scheint, dass eine Realisierungschance dieses modellhaften Aspektes dann gegeben ist, wenn man den Gedanken von Jürgen Zabeck aufgreift, und hier die Orientierung des Curriculums nicht als bereits allgemein gültiges Curriculum für die Lösung der Übergangsprobleme konzipiert. In Form der „just-in-time"-Variante wären die notwendigen Lösungen auf Einzelaspekte zu beziehen.

Diese Überlegungen Kells scheinen uns nicht lösungsgerecht für die von uns verstandene berufliche Grundbildung, vielmehr wären die Überlegungen zu übertragen auf ein Interpretationskonzept im Zusammenhang mit dem Berufsfachschulsystem, das ohnehin im IT-Zentrum einen angestammten Platz finden soll.

Adaption des Modells Berufsfachschule als Ansatzpunkt für die Entwicklung einer Gelenkstelle im IT-Kompetenzzentrum

In der Diskussion um eine allgemeiner gestaltete Form der beruflichen Vorbereitung auf die Erstausbildung hatte Wolfgang Lempert neben dem Berufsgrundbildungsjahr bereits eine Ausdehnung des Systems der Berufsfachschulen

---

[1] ebenda. Man darf hinzufügen: Die Alternativen schaffen auch Chancen zur Erlangung höherer Bildungsabschlüsse, die als Weg zu sozialem und beruflichem Aufstieg genutzt werden können.

vorgeschlagen[1] und damit die allgemeine berufliche Vorbereitung als Teil des prozesshaft zu interpretierenden Berufswahlvorganges benannt, womit auch im Sinne einer realistischen Berufsauffassung berufliche Mobilität als Berufswechsel als entscheidender Aspekt eingeschätzt wurde. Das bedeutete aber auch eine Entspezialisierung und Theoretisierung der fachlichen Ausbildung.[2] Der in der Gelenkstellenfunktion liegende Praxisbezug kann dem Schüler ein Minimum an Wirklichkeitserfahrungen ermöglichen, das er braucht, um die im konventionellen Unterricht zu vermittelnden Theorien von Betrieb und beruflicher Arbeit auch begreifen zu können.[3]

Aufgrund empirischer Daten konnte für die Besucher dieses Schultyps festgestellt werden, dass sie durch den Besuch in ihrer Berufswahl gefördert wurden und in diesem Fall, ohne dass ein Modellkonzept diese besondere Förderung unterstützt hätte. D. h. dass die Berufsfachschule einen nicht unerheblichen Anteil zur Förderung schwächerer und auch später entschlossener Schüler leistet.

Wenn wir hier von der Berufsfachbildung ausgehen, um eine Gelenkstelle zwischen vorberuflicher Bildung und Berufsausbildung zu konzipieren, so bedeutet das nicht den Versuch, ein Integrationsmodell beruflicher und allgemeiner Bildung vorzulegen. Es könnte jedoch Ansätze enthalten sowohl zu einer besseren und systematischeren als auch zu einer allgemein verwertbaren Ausbildung hinführen.[4]

Das Modell lehnt sich an die Lösungsversuche, den stufenlosen Übergang von der allgemeinbildenden Schule in die Berufsausbildung zu mildern.[5] Daraus entwickelten sich Vorklassen, die vor Eintritt in die Lehre besucht wurden. Sie waren als Einrichtungen der Bildung mit einem Bildungsanspruch eigener Art eingerichtet worden.

Gewissermaßen in Überwindung des von Adolf Kell konzipierten Gelenkstellenansatzes für die Berufsgrundbildung soll hier unter der Berufsfachbildung eine besondere Phase im Berufswahlprozeß verstanden werden, die seinerzeit aus dem Modell der Stufenausbildung entwickelt wurde.[6] Mit ihr soll die Anhe-

---

[1] vgl. Lempert, Wolfgang, Die Zukunft der Lehre, in: Leistungsprinzip und Emanzipation, Frankfurt 1971
[2] vgl. Beinke, Lothar, Arbeitslehre in der Sekundarstufe II und Berufsfachbildung, in: Dedering, Heinz (Hg.), Lernen für die Arbeitswelt, Reinbek 1979, S. 268-288
[3] vgl. a.a.O., S. 282
[4] vgl. a.a.O., S. 268 f.
[5] vgl. Grüner, Gustav, Die Entwicklung der Höheren technischen Fachschulen, Braunschweig 1967, S.13
[6] vgl. Beinke, Lothar, Zwischen Schule und Beruf, in: ders. (Hg.) Zwischen Schule und Berufsbildung S. 148

bung des Niveaus der Formalqualifikation und die Vorbereitung auf eine berufliche Ausbildung erreicht werden.[1]

Als ein wesentliches Charakteristikum des Modells wurde seinerzeit – und das wäre in das hier vorgelegte IT-Modell einzubringen – herausgestellt, dass die Berufsfachschulen bei der Arbeitslehre des letzten Schuljahres anknüpfen, weil der Prozeß der Berufswahl von der Bewältigung des Übergangs von der Schule in ein Ausbildungsverhältnis führt und dabei aufsteigend spezialisierte Berufsprozesse durchläuft.[2]
Kell selbst gibt Hinweise darauf, dass die Idee der Berufsgrundbildung nicht zwingend in der Organisationsform des Berufsgrundbildungsjahres verstanden werden muss, vielmehr auch als Vorlehre und Berufsfindungsjahr und damit als spezielle vorberufliche Qualifizierung für den Eintritt in ein Ausbildungsverhältnis oder auch als allgemeine vorberufliche Bildung zum Erwerb einer Berufswahlreife diskutiert wurde. Hieraus lassen sich – auch begriffsdefinitorisch – die vorgeschlagenen Adaptionen ansetzen.

Struktur und Funktion der „Gelenkstelle"/„Schnittstelle"

Unser Vorschlag: Da es sich bei diesen Überlegungen um die Schnittstelle zwischen Abschluß der Allgemeinbildung einerseits und dem Beginn der beruflichen Bildung andererseits handelt, soll hier neben der teilweisen Aufhebung der Trennung zwischen beruflicher und allgemeiner Bildung auch versucht werden, Lösungsmöglichkeiten vorzustellen, und zwar im Sinne einer allgemeinen Schnittstellenproblematik, da hier Lösungen über das Projekt und den möglichen Modellversuch hinaus auch insgesamt das Problem des Übergangs sowohl von der Berufsorientierung , als auch von der notwendigen Reaktivierung von Inhalten allgemeiner Bildungsansprüche erreicht werden können. Das wäre eine partielle Überwindung der Differenzen zwischen beruflicher und allgemeiner Bildung, wie sie in der beigefügten Grafik[3] illustriert wird.
Die Notwendigkeit zur Strukturierung des Projektes an seinen Flanken – einerseits hin zur Allgemeinbildung und zu allgemeinbildenden Schulen, andererseits hin zur Weiterbildung und damit zur Frage Vermittlung brauchbarer Kompetenzen an Betriebe basiert zum einen darauf, dass die als berufsunspezifisch – besser als berufsübergreifend – erforderlichen Kenntnisse im Beruf schon z.T. in

---

[1] Hierbei handelt es sich um eine Fortentwicklung des Modellansatzes aus dem Beitrag „Arbeitslehre in der Sekundarstufe II und Berufsfachbildung" in: Dedering, Heinz (Hg.), Reinbek bei Hamburg, 1978
[2] Beinke, Lothar, Berufsfachschule und Polytechnik/Arbeitslehre, a.a.O., S. 150
[3] s. S. 16

den allgemeinen Curricula angesprochen sind.[1] Sie ergeben sich aus den Erfordernissen der Entwicklung sprachlicher Kompetenz in globalisierten gegenwärtigen und künftigen Wirtschaftsstrukturen und deren Eigendynamik. Sie umfassen auch allgemeine und länderspezifische Kulturbegriffe. An dieser Schnittstelle ist die Trennung von Berufs- und Allgemeinbildung weitestgehend aufgehoben. Unser Modell muss deshalb durchlässig zur berufsvorbereitenden Bildung werden.

Zweitens beschäftigt sich die berufliche Orientierung zunehmend im Rahmen der allgemein bildenden Schulen mit weiteren institutionellen und medialen Informationsmöglichkeiten. Die Auseinandersetzung mit der Berufswahlproblematik und der sich anschließenden beruflichen allgemeinen und individuellen Entwicklung bis hin zur Gestaltung individueller Berufsbiographien zwingt die allgemein bildenden Schulen nicht, nur durch Information und Kompetenzvermittlung für dieses Gebiet einen zunehmend immer wichtigeren Auftrag zu übernehmen, sie müssen auch inhaltlich den vorberuflichen Erfahrungsbereich durch Praxiskontakte – Realbegegnung – aufnehmen. Das gilt für unser Projekt besonders für die Möglichkeiten, die den Schülern mit Betriebserkundungen angeboten werden können. Damit wäre eine Anregung bereits aus dem 18. Jahrhundert wiederentdeckt, die die antizipatorische Praxisvermittlung in Schulen als einen Kerngedanken von Schule angeregt hat. In den im 18. Jahrhundert gegründeten Realschulen wurden Betriebsbesuche organisiert, mit denen auf praktische, organisierende und verwaltende Tätigkeiten vorbereitet werden sollte.[2] [3] Sie können u. a. überall dort helfend eingreifen, wo sich Zufriedenheit mit den Lehr- und Lernerfolgen nicht in gewünschtem Maße einstellen wollen.

Zusammenfassung der Diskussion zu der Schnittstelle zwischen Abschluß der Allgemeinbildung einerseits und dem Beginn der beruflichen Bildung andererseits:
1) Die Entwicklung von Schnittstellen fordert Kooperation zwischen den Bereichen Allgemeinbildung und Berufsbildung.
2) Aus der Schnittstellenkonstruktion ergibt sich, dass Teile der beruflichen Bildung und Teile der allgemeinen Bildung neu definiert und zusammengefaßt werden müssen.
3) Aus der beruflichen Bildung sind diejenigen Inhalte, die als „Propädeutik" definiert werden könnten, aus den Ausbildungsordnungen herauszudestillieren und zu übertragen.

---

[1] Dieser Prozess vollzieht sich in den Fachdidaktiken der Arbeitslehre, der Technik, der Wirtschaft und des Haushalts. – vgl. das Kerncurriculum Arbeitslehre in: Sowie-Online
[2] vgl. Timm, A., Kleine Geschichte der Technologie, Stuttgart 1964
[3] Beinke, Lothar, (Hg.) Betriebserkundungen, Bad Heilbrunn 1980, S. 7 ff. S. auch die Darstellung der Real- und Handelsschulgründungen in diesem Band.

4) Aus den als vorberufliche Bildung definierten Teilen der Allgemeinbildung – „Berufsorientierung i. e. S." – sind die Schnittstellen kooperativ gemeinsam mit der Berufsbildung zu besetzen.

Eine Zielbeschreibung für diese Gelenkstelle wäre die Fähigkeit der Schüler, Einsichten in das Umfeld von Arbeit-Beruf-Betrieb-Wirtschaft-Gesellschaft in ihren interdependenten Bezüge und deren Auswirkungen kennen zu lernen. Das soll die Handlungs- und Entscheidungsfähigkeit der Schüler in Fragen der beruflichen Entwicklung verbessern und steigern. Diese Fähigkeit soll Entscheidungen der beruflichen Entwicklung in ihren
- lebensgeschichtlichen Bedeutungen bewusster machen,
- individuelle und gesellschaftliche Bedürfnisse befriedigen
- handlungs- und entscheidungsrelevante Kenntnisse, Fähigkeiten und Fertigkeiten vermitteln und
- Strategien zur Gestaltung der beruflichen Entwicklung aufbauen und anwendungsfähig machen.

Das Insgesamt der Berufsorientierung bedeutet danach, die lebensgeschichtliche Erwerbs- und Berufstätigkeit im Sinne einer Berufslaufbahnbewältigung zu gestalten. Später ist Berufsorientierung eine lebenslange Aufgabe für den Menschen, die durch verschiedene institutionelle Hilfen unterstützt wird. Eine dieser Hilfen ist die, die im Anschluß an die Gelenkstelle IT-Kompetenzzentrum in die Weiterbildung und Weiterqualifizierung überleitet.
Eine Berufsorientierung wäre auch im berufsbildenden Schulwesen eine notwendige Ergänzung des Ausbildungsangebotes. Dabei ist Berufsorientierung weiter gefasst als es die Bundesagentur für Arbeit tut. Sieht man die Berufslaufbahn als Entscheidungsprozess, dann gilt es hier das Problem zu lösen, dass zwar die beruflichen Laufbahnen mit Normen, Verordnungen und Vorschriften u. a. objektiv geregelt werden, grundsätzlich jedoch uneinheitlich sind. Das gilt sowohl für deren Anwendungsbereich als auch für die Art der normativen Regelung. Berufliche Situationen sind für den einzelnen nicht eindeutig durch Normen fixiert. Das hat zur Folge, dass das Individuum der möglichen Entscheidungsvielfalt durch Handlung begegnen muss. Es muss auswählen, interpretieren und sich entscheiden:
- Die Berufsentscheidung in komplexer Umwelt vollziehen
- Die Berufsentscheidung als unausweichlich und unaufschiebbar zu sehen
- Die Berufsentscheidung durch Erstmaligkeit definiert erkennen und außerdem
- erkennen, dass die Berufsentscheidung Risikobereitschaft verlangt.

In das Kooperationsmodell wären diese Zielsetzungen aufzunehmen.

Nun ist Berufsorientierung auch ein Entwicklungsprozess, nach dem auch Zwischenentscheidungen erforderlich sind, es sich insgesamt also um eine Kette von Entscheidungen handelt, die in enger Beziehung zueinander stehen. In diesem Prozess wird jede Entscheidung von der vorhergehenden beeinflusst und beeinflusst wiederum die nachfolgende. Zu der Bewältigung dieses Prozesses ist die Entwicklung eines beruflichen Selbstkonzeptes als Teil des individuellen Gesamtkonzeptes zu erreichen. Die Entscheidungen sind geprägt durch die
- Milieuzugehörigkeit und die dort vorhandenen Berufskonzepte
- vom Elternhaus geprägten Erwartungshorizonte
- Schulabschlüsse
- Gegebenheiten des Arbeitsmarktes

In einem Handlungs- und Entscheidungsteil des Prozesses ist es erforderlich, dass der Schüler als handelndes Subjekt die Kompetenz hat, Informationen nachzufragen und sie zu nutzen. Als handelndes Subjekt sollen sie hierbei Praxisteile des Unterrichts in Betrieben verwirklichen.

Nach Institutionalisierung dieser Elemente einer Berufsorientierung hin zu einer Berufslaufbahn sind Stufen von der Schullaufbahn, der Berufswahl, der Betriebswahl ebenso wie der Weiterbildung, der Fortbildung und dem Berufswechsel Etappen dieses Modells.

Trotz der immer noch zu recht skeptisch – wenn auch weniger kritisch als zu seinen Anfängen – beurteilten Möglichkeiten von Betriebspraktika ist ihre Bedeutung aber dadurch nicht zu leugnen, dass sie für die Schüler selbst gerade zur Entwicklung eines Selbstkonzeptes einen hohen Stellenwert haben. Sie können durch Integration jedoch konstruktiver gestaltet werden. Deshalb wären die Betriebspraktika – auch als Kurzpraktika – in diesen Teil des Modells (vor Eintritt in den ersten Schritt zur Berufsausbildung) zu integrieren.

Eine weitere Möglichkeit dazu bietet die Übertragung von Erfahrungen. „Richtige" Einblicke in Bildungsgänge, wie z. B. in die Einjährige Berufsfachschule Wirtschaft für Realschulabsolventinnen und -absolventen, könnten Schülerinnen und Schüler vor Besuch einer berufsbildenden Schule auch dadurch erhalten, indem Schülerinnen und Schüler, die sich bereits in dem System „berufsbildende Schulen" aufhalten, ihre Erkenntnisse und Erlebnisse – auch durch die Integration der IT ins unterrichtliche Geschehen und deren Anwendungen – an die nachfolgenden und interessierten Schülerinnen und Schüler weitergeben.

Schüler erreichen andere Schüler auf einer „anderen" Ebene. Eine andere sprachliche Ebene, eine andere Form der Betroffenheit und Sichtweise sowie die

Darstellung von neuen Möglichkeiten stellen ein nicht zu unterschätzendes Potential dar. Dabei sollte nicht nur der unmittelbare Erfahrungsbericht im Vordergrund stehen, sondern die Möglichkeit genutzt werden, in Form von Coachings durch Schülerinnen und Schüler direkt am Unterrichtsgeschehen zu partizipieren. Eine Einbindung von außenstehenden Schülerinnen und Schülern in Projekte wäre daraus zu entwickeln.

Die beiden Schulen stellen sich vor:[1]

Berufsbildende Schulen der Stadt Osnabrück
am Pottgraben

Pottgraben 4, 49074 Osnabrück
T 0541 35736-O
F 0541 35736-49
info@bbs-pottgraben.de
www.bbs-pottgraben.de

Schulleitung: OStD'in Frerichs bis September 2006/ab September 2006 StD
 Kafsack
Lehrkräfte: 150 einschl. Referendarinnen und Referendare
Schüler/innen: insgesamt ca. 4000, davon ca. 900 in den
 Vollzeitschulformen und ca. 3100 in der
 Berufsschule

Die Berufsbildenden Schulen der Stadt Osnabrück am Pottgraben bieten ein breit gefächertes berufsvorbereitendes, berufsbegleitendes und berufsqualifizierendes Bildungsangebot im kaufmännisch-verwaltenden und im gesundheitlichen Bereich.

BBS mit zwei großen Berufsfeldern „Wirtschaft und Verwaltung" sowie Gesundheit und jeweils breit gefächertem Angebot
Betätigungsfelder liegen in der Aus- und Weiterbildung;
Wichtige Säule: IT
75% der Schülerinnen und Schüler besuchen die Teilzeitberugfsschule;
Zusammenarbeit mit Partnerschulen im In- und Ausland;

Neben dem zentral gelegenen Schulgebäude am Pottgraben (zwischen Neumarkt und Hauptbahnhof) hat die Schule eine Außenstelle in der Hackländerstraße (Backhaus-Schule) und eine weitere Außenstelle in der Jellinghausschule und – natürlich – seit September 2006 das IT-Kompetenzzentrum als weitere Außenstelle.
Die BBS am Pottgraben bestehen aus der Berufsschule und aus mehreren vollzeitschulischen Bildungsgängen.

---

[1] Die Darstellung der beiden Schulen erfolgte nach deren Vorgaben. Unterschiede in der Form und den ausgewählten Inhalten sind daraus entstanden.

Anzahl der Schülerinnen und Schüler:

	insgesamt	davon weiblich
zum 15.11.2003	3864	2358
zum 15.11.2004	3839	2271
zum 15.11.2005	4036	2366

Anmeldungen und Aufnahmen in Vollzeitform
(Anzahl Bewerber (B) und Aufnahmen (A))

Schulform	zum 1.9.2002 B	A	zum 1.9.2003 B	A	zum 1.9.2004 B	A
Berufsvorbereitungsjahr	25	24	25	26	30	26
Einj.BFS für Realschul-Absolventen	301	268	288	300	307	268
BFS, die zum beruflichen Abschluß führt	180	93	168	93	183	69
Fachoberschule	195	126	170	109	166	112
Berufsoberschule	-	-	48	43	53	36
2-j. Fachschule	75	46	65	40	63	56

Anzahl der Klassen und Klassenfrequenzen

Vollzeitbildungsgänge nach Schulformen und Berufsfeldern/Bildungsgängen insg.	zum 15.11.2003 Klassen	Kl. Frequenz	zum 15.11.2004 Klassen	Kl. Frequenz	zum 15.11.2005 Klassen	Kl. Frequenz
insgesamt	40	22,5	32	21,7	30	23,1
davon						
B2 Wirtschaft für Realschulabsolv. (HH)	12	25,0	12	22,3	11	24,36
BO5 Wirtschaft	-	-	2	21,5	2	18,0
BVJ Wirtsch.+Verwalt.	2	13,0	2	13,0	2	13,0
B7 Kaufm. Ass. f. Fremd-Sprachen und Korresp.	4	19,5	4	21,25	3	21,33
Kaufm.Ass.Wirtschaftsinformatik	4	21,0	4	20,0	4	19,5
FOS Gesundheit-Pflege	2	17,0	2	15,0	1	24,0
FOS Wirtschafts und Verwaltung – Wirtschaft	7	23,3	6	26,9	6	28,5

Teilzeitbildungsgänge nach Schulformen und Berufsfeldern						
insgesamt	156	20,3	155	20,3	153	21,9
F2 Wirtsch.u.Verwalt.	6	19,5	6	19,5	6	19,5
BS Gesundheit	34	21.5	34	20,8	32	21,31
BS Metalltechnik	1	12,0	-	-	-	-
BS Wirtsch.u.Verwalt.	109	20,1	110	19,96	110	22,11
FOS Wirtsch.u.Verwalt.	5	20,5	5	26,2	5	22,4

Schwerpunkte/Profile:

Berufsschule

Ausbildung in den Berufsbereichen Wirtschaft und Verwaltung bzw. Gesundheit

Koordinationsbereiche der beschulten Ausbildungsberufe

Automobilkaufmann/frau
Buchhändler/in
Kaufmann/frau im Groß- und Außenhandel

Kaufmann/frau im Einzelhandel
Verkäufer/in, Tankwart/in
Musikalienhändler/in

Fachkraft für Lagerlogistik
Reiseverkehrskaufmann/frau
Fachkraft für Kurier-, Express- u.Postdienstleistungen
Kaufmann/frau für Spedition u.Logistikdienstleistungen
Informatikkaufmann/frau

Fachlagerist/in
Kaufmann/frau für Verkehrsservice
Kaufmann/frau für Tourismus und Freizeit

Informations- und Telekommunikationssystem-Kaufmann/frau

Kaufmann/Kauffrau für Marketingkommunikation

Bürokaufmann/frau
Veranstaltungskaufmann/frau
Kaufmann/frau im Gesundheitswesen

Kaufmann/frau f. Bürokommunikation

Sport- und Fitnesskaufmann/frau

Medizinische Fachangestellte
Tiermedizinische Fachangestellte

Zahnmedizinische Fachangestellte
Pharmazeutisch-kaufm. Angestellte

Einjährige Berufsfachschule Wirtschaft für Realschulabsolventinnen/
-absolventen (Höhere Handelsschule)

Fachoberschule Wirtschaft und Verwaltung
    Schwerpunkt Wirtschaft (Klasse 11 und 12)
    Schwerpunkt Informatik (Klasse 12)
Fachoberschule Gesundheit und Soziales (Klasse 12) mit dem Schwerpunkt Gesundheit-Pflege

Berufsoberschule Wirtschaft

Berufsfachschule Kaufmännische Assistentin/Kaufmännischer Assistent für „Wirtschaftsinformatik" sowie „Fremdsprachen und Korrespondenz"

Berufsvorbereitungsjahr Wirtschaft

Fachschule Betriebswirtschaft in dreijähriger Teilzeitform (mit den Zentralfächern Marketing, Finanzwirtschaft, Logistik, Touristik und Gesundheitsökonomie)

Profil und besondere Angebote

Die BBS am Pottgraben weist eine Kombination eines Bildungsangebotes aus den Berufsbereichen Wirtschaft und Gesundheit auf. Einige Schulformen zeigen Schnittstellen zwischen Wirtschaft und Gesundheit auf. Z. B. werden über die fachspezifischen Schwerpunkte der Ausbildung hinaus in der Fachoberschule Gesundheit ökonomische Kenntnisse vermittelt. Eine ähnliche Absicht verfolgt auch das Zentralfach Gesundheitsökonomie in der Fachschule Betriebswirtschaft.

Alle Schülerinnen und Schüler können in einem Kurs den Europäischen Computerführerschein (ECDL) erwerben. Das Schulgebäude am Pottgraben ist mit einem kabellosen Netzwerk (W-LAN) ausgestattet, das den kontrollierten Zugriff auf das Internet in allen Räumen gestattet.

Eine Klasse der Höheren Handelsschule arbeitet jeweils im Projekte „Wirtschaft Live" und bietet ausgewählte, selbst erstellte Produkte in der Schule an. Gemeinsame Projekte mit unserer Partnerschule in Haarlem runden das Angebot in dieser Schulform ab.

Die Zusammenarbeit in der Europäischen Union dokumentiert sich in Austauschfahrten nach Angers (Frankreich) und Sassuolo (Italien) sowie in der Ableistung von Praktika im Ausland. Praktika können auch im Rahmen von Leonardo-da-Vinci-Projekten von Auszubildenden geleistet werden. Darüber hinaus hat die Schule enge Verbindungen zu einer Partnerschule in Greifswald, einer Schule in Barnaul (Rußland) und einer Berufsschule in Angouleme (Frankreich). Aus der Osnabrücker Partnerstadt Haarlem betreuen wir Praktikanten der dortigen Berufsschule „nova college" und vermitteln Praktika nach Holland.

Eine Klasse der Höheren Handelsschule nimmt an einem fächerübergreifend angelegten Projekt zum Thema „Kulturmarketing" teil.

Beteiligung an Modellversuchen und Pilotprojekten

BLK-Modellversuch: Kooperative Lehrerinnen-/Lehrerfortbildung – Gesundheitsfördernde Berufsbildende Schule (KoLeGe)
Laufzeit 01.08.2002 – 31.07.2005

Die Entwicklung nachhaltiger Kooperationsstrukturen in der Lehrerbildung war das zentrale Ziel des Modellversuchs. Dabei wurde die Kooperation in Form der gemeinsamen Konzeption und Durchführung von Fortbildungsmodulen zum Themenkomplex Gesundheitsförderung erprobt.

Kompetenzzentrum für Lehrer-/Gesundheitsbildung an den Berufsbildenden Schulen am Pottgraben (KoLeGe)

Das Kompetenzzentrum für Lehrer-/Gesundheitsbildung an den Berufsbildenden Schulen am Pottgraben in Osnabrück knüpft an den Verlauf und die Ergebnisse des BLK-Modellversuchs KoLeGe an.

Innovationsvorhaben „Pädagogische Nutzung der Online-Plattform Teamlearn zur Stärkung der Medienkompetenz"
Durch die ständige Verfügbarkeit der Lernplattform ohne Abhängigkeit von Raum und Zeit ergeben sich neue, innovative Lehr-/Lernmöglichkeiten, die durch dieses Innovationsvorhaben erprobt und evaluiert werden sollen.

Die Schule war beteiligt am Modellversuche ANUBA (abgeschlossen im Jahr 2003).
Die Bund-Länder-Kommission für Bildungsplanung und Forschungsförderung hatte für den Zeitraum vom 01.10.1999 – 30.09.2003 das Modellversuchsprogramm „Kooperation der Lernorte in der beruflichen Bildung (KOLIBRI)" aufgelegt. Innerhalb dieses Modellversuchsprogramms wurde von November 2000 bis Oktober 2003 gemeinsam von den Bundesländern Nordrhein-Westfalen und

Niedersachsen der Modellversuch ANUBA (Aufbau und Nutzung von Bildungsnetzwerken zur Entwicklung und Erprobung von Ausbildungsmodulen in IT- und Medienberufen) durchgeführt. In ANUBA wurden von den beteiligten Schulen Bildungsnetzwerke aufgebaut und genutzt. In diesen Bildungsnetzwerken wurden Ausbildungsmodule für die Ausbildung in den IT- und Medienberufen entwickelt und erprobt.

Lernkultur – Zusatz- und Förderungeangebote

Angebote über Zusatzqualifikationen (schulische Abschlüsse und/oder berufliche Zusatzqualifikationen)

ECDL-Erwerb für Schülerinnen und Schüler der Höheren Handelsschule und für Berufsschüler/-innen;
EUROPASS-Erwerb für Schüler/-innen, die im Rahmen von Leonardo ein Teil ihrer Berufsausbildung im Ausland verbringen;
Erwerb des KMK-Zertifikats – Level 2 – in Englisch und in Französisch für Berufsschüler und –schülerinnen
Erwerb der Fachhochschulreife für Berufsschülerinnen und Berufsschüler, sowie Schülerinnen und Schüler der WI- und WF-Klassen
Ausbildung von Schülerinnen und Schülern zu Mediatoren;

Förder- und Integrationsmaßnahmen

Förderkonzept der Schule (Stand der Entwicklung)

Teilnahme am Berufsinformationstag der sechs Berufsbildenden Schulen in Stadt und Landkreis Osnabrück.
Zwei Förderungsbeauftragte erfragen regelmäßig den Förderbedarf; aktive Auseinandersetzung mit der Fehlzeitenproblematik.

Kooperation mit Sonderschulen und/oder Fördereinrichtungen sowie Haupt- und Realschulen

Zusammenarbeit mit der Hauptschule Innenstadt zur Umsetzung des Hauptschulerlasses ;

Betreiben einer Cafeteria durch Mitarbeiterinnen und Mitarbeiter der beschützenden Werkstätten

Öffnung von Schule – Kooperation mit externen Partnern

- Kooperation der Automobilkaufleute mit der BBS Brinkstraße (Technikunterricht im Lernfeld 1)
- Kooperation mit der Hauptschule Innenstadt
- BVJ-Kooperation mit Schulen für Lernhilfe
- KoLeGe-BLK-Modellversuch: Kooperationen zwischen Studienseminar/Universität/Schule.

Berufsbildende Schulen der Stadt Osnabrück
am Schölerberg

Schölerbergstr. 20, 49082 Osnabrück
Tel. 0541 50047-0
Fax: 0541 50047-27
E-Mail: info@bbs-schoelerberg.de
Homepage: www.bbs-schoelerberg.de
Schulleiter: OStD Dr. Szewczyk

Die Berufsbildenden Schulen der Stadt Osnabrück am Schölerberg sind Europaschule und besitzen ein markantes Profil im Bereich Wirtschaft und Verwaltung. Folgende fünf Schulformen prägen ihr Angebot:

Anzahl der Schülerinnen und Schüler:

	insgesamt	davon weiblich
zum 1.9.2002	1943	1280
zum 1.9.2003	1939	1266
zum 1.9.2004	1904	1188

Anmeldungen und Aufnahmen in Vollzeitform
(Anzahl Bewerber (B) und Aufnahmen (A))

Schulform	zum 1.9.2002		zum 1.9.2003		zum 1.9.2004	
	B	A	B	A	B	A
Einj.BFS ohne Eingangs-Voraussetzungen	18	18	20	16	18	18
Einj.BFS für Realschul-Absolventen	95	43	90	42	93	42
Zweij.Berufsfachschule Wirtschaft	150	112	142	105	158	117
Fachoberschule Kl. 11	52	45	75	45	94	46
Fachoberschule Kl. 12	25	3	35	11	36	3
Wirtschaftsgymnasium	177	91	223	139	215	129

Anzahl der Klassen und Klassenfrequenzen

Vollzeitbildungsgänge nach Schulformen und Berufs-Feldern	zum 1.9.2002 Klassen	Kl. Frequenz	zum 1.9.2003 Klassen	Kl. Frequenz	zum 1.9.2004 Klassen	Kl. Frequenz
insgesamt	25	22,5	28	21,7	29	21,1
davon						
FGW	12	21,5	14	20,7	15	20,2
FO12 – Klasse 12	2	25,5	2	23	2	22,5
BFI	2	21,5	2	21	2	21
2j.BFW	8	24,2	9	23,3	9	22,6
1j.BFW	1	18	1	20	1	18
Teilzeitbildungsgänge nach Berufsfeldern	60	23	56	23,8	56	22,8
FO 11 Klasse 11	2	20,5	2	23	2	23
Bank	9	23,1	9	21,2	9	19,8
Industrie	13	24,5	13	22,8	13	22,5
Justiz	3	22	3	20,3	3	17
ReNo	10	25,5	9	27,7	9	27,4
Steuer	11	18,8	9	22,9	9	22,2
SoFa	3	26,7	3	26,7	3	23,3
Verwal.	3	26,7	3	25,3	3	25,3
Vers.	6	20,6	5	24,6	5	23,4
insgesamt	85	22,9	84	23,1	85	22,3
Problemberufe Teilzeit-Berufsschule						
Klassen < 14	3		1		3	
Klassen < 7	0		0		0	
Klassen (alle Schul-Formen) < 24	29		31		29	

Berufsschule:

Bankkaufmann/frau
Industriekaufmann/frau
Justizfachangestellte/r
Rechtsanwaltsfachangestellte/r
Rechtsanwalts- und Notarfachangestellte/r
Sozialversicherungsfachangestellte/r
Steuerfachangestellte/r

Verlagskaufmann/frau
Verwaltungsfachangestellte/r
Versicherungsfachangestellte/r
Dialogmarketing

Berufsfachschule Wirtschaft

Einjährige Berufsfachschule Wirtschaft
Zweijährige Berufsfachschule Wirtschaft

Berufsfachschule Informatik

Einjährige Berufsfachschule–Informatik für Realschulabsolvent(inn)en

Fachoberschule Wirtschaft und Verwaltung

Schwerpunkt: Verwaltung und Rechtspflege

Fachgymnasium

Wirtschaftsgymnasium Osnabrück mit internationalem Schwerpunke und der Möglichkeit zur Doppelqualifikation

Die Strukturmerkmale: Qualitätsmanagement, IT-Orientierung und internationale Ausrichtung sind Kennzeichen einer zukunftsweisenden Ausrichtung der Schule, in deren **Mittelpunkt die Schülerinnen und Schüler** stehen.

Qualitätsmanagement:

- Teilnahme (als einzige BBS der Region Osnabrück) am Qualitätsnetzwerk Niedersächsischer Schulen
- Umfassende Befragungen der Schülerinnen und Schüler, der Ausbildungsbetriebe und der Lehrkräfte zur Schulqualität im Rahmen der Schulprogrammentwicklung
- Regelmäßige Selbstevaluation der Lehrkräfte, Fremdevaluation durch das Deutsche Institut für Internationale Pädagogische Forschung (DIPF)
- Eigenverantwortliche Schule seit April 2005

IT-Orientierung
- BFS-Informatik für Realschulabsolventinnen und -absolventen
- Erhöhung des Unterrichts in IT-Fachräumen von 77 Std. (1999) auf 217 Std. (2005) bei annähernd gleicher Schülerzahl
- Aufbau eines Intranets mit Serverzugriff und Internetanbindung in allen Klassenräumen
- Modernisierung des Lernbüros und Reorganisation des Modellunternehmens
- Homepageerstellung für Unternehmen, Vereine und soziale Einrichtungen
- Angebot von Fort- und Weiterbildungsveranstaltungen für Lehrkräfte und Mitarbeiter unserer und anderer Schulen
- Aufbau eines IT-Kompetenzzentrums in Kooperation mit den BBS am Pottgraben

Internationale Ausrichtung
- Auszeichnung als Europaschule – erste BBS in Weser-Ems
- Projekt „Lernen in Europa – Leistung, die lohnt!" unter der Schirmherrschaft des Ministerpräsidenten des Landes Niedersachsen Christian Wulff
- Wirtschaftsgymnasium mit internationalem Schwerpunkt
- Zertifizierung von Fremdsprachen in der Berufsschule nach KMK
- Austauschprogramme für Schülerinnen und Schüler der Berufsschule
- Interkulturelles Lernen

Beteiligung an Modellversuchen und Pilotprojekten

Seit 2002	Europaschule
Seit 2002	Fachgymnasium mit internationalem Schwerpunkt
Seit 2002	Rainbowproject – Communication as a Preparation for Work-Placements abroad
2002-2005	Qualitätsentwicklung in Netzwerken
2003	"Meet Europe" internetbasierte Simulation
Seit 2003	BAND-Programm: Kooperationsprojekt zwischen der Landesschulbehörde, Abt. Osnabrück, der IHK Osnabrück-Emsland und niederländischen Partnern, u. a. der Partnerschule in Sneek
Seit 2004	Doppelqualifizierender Bildungsgang – allgemeine Hochschulreife und theoretischer Teil der Berufsausbildung zum Industriekaufmann/ zur Industriekauffrau am Fachgymnasium Wirtschaft
Seit 2004	Kooperationsabkommen mit ROC Friese Port (Niederlande) und sieben niedersächsischen Schulen zwischen beiden Ländern
Seit 2005	Personalkostenbudgetierung an Schulen
Seit 2005	Eigenverantwortliche Schule

Geplant:
2005   Qualitätsentwicklung in der eigenständigen Schule im transnationalen Vergleich(QUEST) – Leonardo-da-Vinci-Projekt 2005

Lernkultur – Zusatz- und Förderangebote

Angebote über Zusatzqualifikationen (schulische Abschlüsse und/oder berufliche Zusatzqualifikationen)
- Zusatzqualifikation für den Ausbildungsberuf Verwaltungsfachangestellte/Verwaltungsfachangestellter: „Die öffentliche Finanzwirtschaft als Mittel der Aufgabenerfüllung der öffentlichen Hand"
- Zertifizierung von Fremdsprachenkenntnissen in der beruflichen Bildung nach KMK
- Doppelqualifizierender Bildungsgang – allgemeine Hochschulreife und theoretischer Teil der Berufsausbildung zum Industriekaufmann/zur Industriekauffrau am Fachgymnasium Wirtschaft
- Erwerb der Fachhochschulreife in der Berufsschule durch Zusatzunterricht in Kooperation mit den BBS am Pottgraben
- „VWA-Abiturienten-Modell" für Berufsschüler in Kooperation mit der IHK Osnabrück-Emsland und den BBS am Pottgraben

Förder- und Integrationsmaßnahmen

Besondere Fördermaßnahmen
- Einjährige Berufsfachschule Wirtschaft (Schülerinnen und Schüler ohne Hauptschulabschluß: Bildung von Klassengrößen (ca. 16 Schülerinnen und Schüler) unterhalb der durchschnittlichen Frequenz (22 Schülerinnen und Schüler)
- Angebot zur Teilnahme aller Schülerinnen und Schüler der Berufsfachschule Wirtschaft an Orientierungstagen in Zusammenarbeit mit der Stiftung Oase
- 2-wöchiges Praktikum für die Schülerinnen und Schüler der Oberstufe der Berufsfachschule Wirtschaft
- „Schüler helfen Schülern" (Projekt der SV)

Kooperation mit Sonderschulen und/oder Fördereinrichtungen sowie Haupt- und Realschulen
- Zusammenarbeit mit der Teutoburger-Wald-Schule Dissen (Schule für Lernhilfe) im Rahmen des Qualitätsnetzwerkes
- Gemeinsame Treffen mit Vertretern von Realschulen der Region mit dem Ziel, die Voraussetzungen im Fach Mathematik für den Schulübergang zum Fachgymnasium zu harmonisieren

- Langjährige Antebote für Haupt- und Realschulen der Region, ihre Schülerinnen und Schüler zur Praktika bzw. Hospitationen in unsere Schule zu schicken.
- Zusammenarbeit mit der Montessori-Schule Osnabrück als Partner innerhalb der Bildungsregion Emsland (Eigenverantwortliche Schule) mit der Zielsetzung, die Sozialkompetenz der Schülerinnen und Schüler zu fördern.

Mittagessen/Essen/Cafeteria
Diese wird von den Beschützenden Werkstätten betrieben und führte zu einer wesentlichen Verbesserung der Versorgung der Schüler- und Lehrerschaft im Schulalltag.

Öffnung von Schule – Kooperation mit externen Partnern

Schulnetzwerke, Schulpartnerschaften, Kooperationsprojekte mit anderen Schulen
- Die BBS am Schölerberg haben von 2002-2005 erfolgreich am Qualitätsnetzwerk niedersächsischer Schulen teilgenommen. Dabei wurde die Lerngemeinschaft mit den BBS Lingen und Papenburg durch gemeinsame Fortbildungsveranstaltungen intensiv gepflegt und die Fokussierung auf interkulturelle Aktivitäten zum Erfolg geführt.
- Seit April 2005 sind die BBS am Schölerberg eigenverantwortliche Schule und Mitglied der Bildungsregion Emsland, die von der Bertelsmannstiftung unterstützt wird und mit dem Instrument SEIS ein Qualitätsmanagementinstrumentarium zur Verfügung stellt. In diesem Kontext ist eine enge Zusammenarbeit mit der Montessori-Schule Osnabrück angebahnt, die unter dem Schwerpunkt Förderung der Sozialkompetenz steht.
- Im nationalen Rahmen existiert eine enge Zusammenarbeit mit den BBS Wilhelmshaven, die in einem Kooperationsvertrag schriftlich fixiert ist.
- Der für das operative Geschäft wichtigste schulische Kooperationspartner sind die BBS am Pottgraben. Mit ihnen verbinden sich nicht nur gemeinsame lokale Wurzeln, sondern auch vielfältige und nachhaltige Formen der Zusammenarbeit, z. B. (teilweise) gemeinsame Beschulung der Fachoberschule Wirtschaft bzw. Verwaltung und Rechtspflege, gemeinsame Kooperation mit der IHK Osnabrück-Emsland bei der Ausbildung im Rahmen der Wirtschaft- und Verwaltungsakademie.

Kooperation mit externen Partnern
(z. B. Jugendhilfe, Betriebe, Innungen und Kammern, Hochschulen, Vereine, Regionale Umweltbildungszentren (RUZ), Bibliotheken)

Die Kooperation mit externen Partnern ist Wesensmerkmal berufsbildender Schulen, deshalb sollen an dieser Stelle nur einige ausgewählte Kooperationen benannt werden:
- Ca. 800 Ausbildungsbetriebe aus dem Berufsfeld Wirtschaft und Verwaltung, deren Auszubildende unsere Schule besuchen, werden als Partner des Dualen Systems gepflegt
- Schülerinnen und Schüler erhalten regelmäßig umfassende Informationsangebote. Im personellen Bereich bestehen Verflechtungen in der Form, dass Lehrkräfte an der Universität als Lehrbeauftragte tätig sind. Dies gilt auch für die Berufsakademie Lingen, Professoren der Universität nehmen an Unterrichtsprojekten teil, z.B. Mathematik & Psychologie, oder sind als Gutachter bzw. Berater tätig, z.B. die Professoren Manstetten und Beinke.

Die Praxis

Die Schulen nehmen Stellung zum neuen IT-Kompetenzzentrum
- Beispiele für die Anwendungsbreite und -tiefe unterrichtlicher Möglichkeiten

Auf dem Fundament einer gut strukturierten, Wissenschaft basierten Theorie und den vielfältigen, wechselnden Anforderungen der Ausbildungsunternehmen und nicht ausbildender Unternehmen, verknüpft mit den curricularen Bedingungen werden im IT-Kompetenzzentrum unterschiedliche Bildungsgänge angeboten. Es entspricht der Philosophie beider Schulen, insbesondere die Bildungsgänge mit großen Anteilen informationstechnologischer Bildungsinhalte in die gemeinsame Außenstelle zu verlagern. In der neu geschaffenen Lern- und Lehratmosphäre werden u.a. folgende Bildungsgänge angeboten:

- Vollzeitbereich
  - Einjährige Berufsfachschule – Wirtschaft – für Realschulabsolventinnen und -absolventen (Höhere Handelsschule) – Schwerpunkt Informationsverarbeitung
  - Einjährige Berufsfachschule – Informatik – für Realschulabsolventinnen und Realschulabsolventen
  - Zweijährige Berufsfachschule – Kaufmännische Assistentin/Kaufmännischer Assistenz für Wirtschaftsinformatik
- Berufsschule
  - Industriekaufleute
  - Informatikkaufleute
  - Informations- und Telekommunikationssystemkaufleute
  - Kaufleute für Bürokommunikation
  - Rechtsanwalts- und Notarfachangestellte
  - Verlagskaufleute
  - Werbekaufleute
  - Kaufleute für Marketingkommunikation
  - Servicefachkräfte für Dialogmarketing

Selbstverständlich steht das IT-Kompetenzzentrum auch offen für projektorientierte Unterrichtsphasen in anderen als den oben genannten Ausbildungsberufen. An ca. 300 modernen „Lernplätzen" (vgl. die Aufstellung von R. Korswind zur IT-Konzeption der Räume), die alle mit einem PC ausgestattet sind, können erstmalig die Anforderungen erfüllt werden, die insbesondere vom Ausbildungs- und Arbeitsmarkt definiert werden. Die Anwendungsbreite und -tiefe unterrichtlicher Möglichkeiten werden beispielhaft durch die fünf Berichte dokumentiert, die von „Praxis erprobten" Kollegen in dieser Broschüre vorgestellt werden.

C. Müller stellt in seinem Beitrag über die Einjährige Berufsfachschule Wirtschaft für Realschulabsolventinnen und -absolventen (Höhere Handelsschule) klar heraus, über welche EDV-Kenntnisse junge Menschen verfügen müssen, um überhaupt einen Ausbildungsplatz zu erhalten und inwiefern dieses „Rüstzeug" bedeutend für den weiteren beruflichen Werdegang sein kann. Deshalb werden nicht nur im Schwerpunkt **Informationsverarbeitung** Inhalte der „Office-Palette", www-Recherchen usw. angeboten, sondern auch in den Schwerpunkten **Marketing** und **„Wirtschaft live"**. Allerdings wird beim Schwerpunkt Informationsverarbeitung so intensiv gearbeitet, dass eine Zertifizierung durch die Dienstleistungsgesellschaft für Informatik (DLGI) möglich ist. Der Autor arbeitet dabei überzeugend die Vorzüge des IT-Kompetenzzentrums heraus.

B. Schröder widmet sich der Einjährigen Berufsfachschule – Informatik – für Realschulabsolventen und -absolventinnen. Diese noch sehr junge Schulform war als Vorbereitung auf die Ausbildung in einem IT- oder Medienberuf angelegt. Der Autor zeigt, dass zwei Drittel des Unterrichtsstoffes informatorisch ausgerichtet ist, wobei die Projektarbeit einen besonderen Schwerpunkt bildet. Damit bietet dieser Vollzeitbildungsgang gute Chancen, im Anschluß eine Ausbildungsstelle auch im „Nicht-IT-Bereich" zu bekommen oder eine weiterführende Schule zu besuchen. Schröder betont, dass durch das IT-Kompetenzzentrum die Chancen für weitere Qualitätsverbesserungen im Unterricht geschaffen worden sind.

Pförtschner beschreibt die Berufsfachschule Kaufmännische Assistentin/KaufmännischerAssistent für Wirtschaftsinformatik. Deutlich arbeitet er für diese schulische Berufsausbildung den didaktisch-methodischen Kern heraus. Die ökonomisch-organisatorische Abwicklung von Geschäftsprozessen und die Gestaltung von Informatik-Systemen im Unternehmen als offenem, dynamischem System erfordern einen Projekt orientierten Unterricht in den entsprechenden Lernfeldern. Hierbei kommt es insbesondere darauf an, die betriebliche Wirklichkeit IT-gestützt so gut wie möglich in das unterrichtliche Geschehen einzubinden, insbesondere aus Qualitäts- und Akzeptanzgründen. Dass zum Erfolg dieser Schulform die Nutzung der Ressourcen des IT-Kompetenzzentrums einen bedeutsamen Anteil haben kann, wird evident.

H. Oortmann berichtet fachkundig über die sinnvolle Nutzung des IT-Kompetenzzentrums für Ausbildungsberufe im Dualen System am Beispiel Rechtsanwalt- und Notarfachangestellte. Der Autor verdeutlicht mit Nachdruck die Notwendigkeit zur Veränderung in der Berufsschule, wenn man den Anforderungen der Praxis, hier: Kanzleien, gerecht werden will. Er macht gleichzeitig deutlich, unter welchen organisatorischen Hemmnissen bisher gearbeitet werden mußte und welche Anforderungen auch in der Zukunft zu erfüllen sein werden – möchte man den Erfolg.

R Korswird fokussiert seine Ausführungen auf die Ausbildung von IT-Systemkaufleuten und Informatikkaufleuten. Er beschreibt die Heterogenität des Bedingungsfeldes und die damit verbundenen schulischen Herausforderungen und Lösungsmöglichkeiten. Er zeigt schlüssig auf, welche didaktisch-methodischen Anforderungen erfüllt werden müssen, um z. B. das strukturelle Denken und die IT-Methodenvielfalt zu fördern. Gerade im IT-Kompetenzzentrum können die vom Autor geforderten 1 zu 1 Situationen realisiert und ein flexibles Nutzungskonzept geschaffen werden. Des weiteren werden die hervorragenden Chancen als Weiterbildungsstätte, Online-Prüfungszentrum und E-learning Plattform hervorgehoben.

Bei aller Unterschiedlichkeit werden gemeinsame Merkmale deutlich, die sich durch die folgenden Blitzlichter beleuchten lassen:

- Optimale Nutzung der sächlichen und personellen Ressourcen über den Schulrahmen hinaus (365 Tage-Konzept)
- effektive Belegung großer Räume mit zeitgemäßer Ausstattung
- innovative Potentiale, starke Kooperationspartner
- Stärkung der Verbundsysteme (Schule-Unternehmen) und damit Stärkung der beruflichen Bildung
- Verbesserung des Ausbildungsniveaus in den Berufsbildenden Schulen
- adäquate Bündelung von Fort- und Weiterbildungsmaßnahmen in schnelllebigen technologischen Bereichen unter Berücksichtigung der betrieblichen Belange
- Nutzung der Ressourcen für Unternehmen und gesellschaftliche Gruppen
- positive Folgewirkungen für den Bildungsstandort Osnabrück, z. B. Seminarausbildung, Kooperation mit Universität und Fachhochschule
- Nutzung als Austauschbasis für Schule und Betrieb zur Stärkung des Dualen Systems

Gerade vor dem Hintergrund des sich abzeichnenden Fachkräftemangels und des Erwartungsdrucks höhere Bildungsqualitäten anzusteuern, wird der IT eine Schlüsselrolle zufallen, wenn es darum geht, die Selbstlernkompetenz der Schülerinnen und Schüler zu erhöhen und einen höheren Qualifikationsgewinn anzustreben durch entsprechende IT-Angebote sowie fächer- und lernfeldübergreifende Verankerung der IT-Inhalte.

Insgesamt ist davon auszugehen, dass es gelungen ist, einen attraktiven, verkehrsgünstigen Bildungsstandort zu etablieren, der sich nicht nur positiv in die

Stadtentwicklung fügt, sondern der gegenwärtigen und zukünftigen Ansprüchen an die berufliche Bildung voll entspricht – somit ein Leuchtturm in der Bildungslandschaft der Stadt darstellt, der weit über die Grenzen der Region hinaus Orientierung geben kann. Gern werden die gewonnenen Erfahrungen auch anderen allgemein bildenden Schulen und berufsbildenden Schulen zur Verfügung gestellt.

Grundsätzliches zum Berufsbild

An den BBS am Pottgraben werden seit 1998 IT-Kaufleute mit den Berufen IT-Systemkaufmann / IT-Systemkauffrau und Informatikkaufmann / Informatikkauffrau (im Folgenden wird aufgrund der besseren Lesbarkeit nur die männliche Form gewählt) berufsschulisch ausgebildet. Die kaufmännischen IT Berufe befinden sich in der Tradition der Ausbildung zum Datenverarbeitungskaufmann, der seit 1998 in Osnabrück nicht mehr ausgebildet wird. In der Tradition: das heißt, bei beiden kaufmännischen IT-Berufen wird weiterhin die Ausbildung in den Schwerpunkten Technik und Ökonomie vorgenommen. Dadurch entsteht bei den Auszubildenden eine Doppelqualifikation, die sehr gut auf die betriebliche Praxis vorbereitet und ein späteres breites Aufgabenfeld abdeckt. Abgenommen - jedoch immer noch vorhanden - hat der Bereich der Programmierung innerhalb der Ausbildung. Dafür wird mehr Wert gelegt auf systemisches Denken, auf Methodenkompetenzen im Bereich der Präsentationstechniken und auf das Denken in Geschäftsprozessen, um für die Beratung interner oder externer Fachabteilungen gerüstet zu sein. Ein gut ausgebildeter IT-Kaufmann wird Strukturen (Daten, Werte- und Ablaufströme) in seinem Betrieb oder in der Unternehmung des Kunden methodisch strukturell sinnvoll erfassen und auf Effizienz analysieren können. Er wird - nicht so intensiv wie ein Industriekaufmann - kostenrechnerisches Denken mit den Prozessen verbinden und in diesem Zusammenhang IT Problemlösungen anbieten können, die edv- und kommunikationstechnologisch machbar und ökonomisch sinnvoll sind.

Gerade in der Ausprägung des strukturellen Denkens und in der IT Methodenvielfalt liegt die Stärke der Ausbildung der IT-Kaufleute. Wenn diese Stärken auch im Unterricht gefördert werden sollen, bedarf es ein geeignetes Bündel an didaktischen Methoden und an IT-technischen Lösungen, um den Lernprozess zu unterstützen.
Die Ausbildung gliedert sich grob in Kern- und Fachqualifikationen. Die Kernqualifikationen, quasi die Grundlagen des Berufes, sind in allen 4 IT Ausbildungsberufen (IT-Systemkaufmann, Informatikkaufmann, Fachinformatiker, IT-Systemelektroniker) mit unterschiedlichen Stundenanteilen vorhanden. Die Inhalte der Fachqualifikationen betonen das Expertentum der jeweiligen Ausbildungsspezialisierung. Alle Ausbildungsberufe unterteilen den Berufsspezifischen Unterricht in 11 Lernfelder, die aufgrund der unterschiedlichen Stundengewichtung den jeweiligen Ausbildungsberuf repräsentieren.

Zur organisatorischen Ausgangslage an den BBS am Pottgraben

Die IT-Kaufleute werden grundsätzlich gemeinsam in einer Klasse beschult. Ein Durchlauf, in dem die beiden Ausbildungsberufe in getrennten Klassen beschult wurden, sahen die unterrichtenden Lehrkräfte negativ, da gerade die Bündel-Beschulung in diesem Beruf ein enormes Wissenspotential freisetzt. Vom großen Telekommunikationsdienstleister über den Großhändler bis hin zum Systemdienstleister, der alles aus einer Hand anbietet, aber auch der kleine „Schrauberladen um die Ecke" sind in diesem Beruf sehr unterschiedliche Ausbildungsunternehmen vertreten. Gerade diese Differenziertheit in der Tätigkeit, in der Rechtsform sowie in der Größe der Unternehmen bewirkt ein großes Spektrum an alternativen betrieblichen Herangehensweisen und Lösungsmöglichkeiten bei ähnlichen Problemstellungen. Durch diese Vielfalt an unterschiedlichen Lösungsmöglichkeiten wird durch die Diskussion im Unterricht bei den Schülern ein niveauvolles und facettenreiches Methoden- und Fachwissen entwickelt, das sehr gut auf die spätere berufliche Praxis - auch bei einem Unternehmenswechsel - vorbereitet. Durch den Austausch in den verschiedenen Erfahrungs- / Arbeitsgebieten der Auszubildenden bildet sich des Weiteren schnell ein Netzwerk, das durch die verschiedenen Wissensgrade ein enormes Know How Potential darstellt.

Im Unterricht fanden die Schülerinnen und Schüler bislang Räume mit 12 PCs vor, in denen sich 2 Schüler einen PC teilen mussten. Sofern stundenplantechnisch möglich, blieben die Schüler in diesen Räumen. Aufgrund der Knappheit der PC-Räume wurde jedoch häufiger ein Raumtausch vorgenommen, so dass der Unterricht in den unterschiedlichen Lernfeldern nicht immer pc-gestützt erfolgen konnte. Im Lernfeld 6 (Programmierung, Datenbanken) ist es jedoch didaktisch methodisch notwendig, eine 1 zu 1 Situation zu schaffen, d. h. 1 PC wird von genau einem Schüler genutzt. Hier steht die Alleinerarbeitungs- und die Übungsphase im Vordergrund des Unterrichts. In anderen Fächern und Lernfeldern ist es aber ebenso notwendig, gerade in diesem Berufsbild computerunterstützt zu arbeiten, da die betriebliche Situation dieses auch so vorsieht.

Ein Netzwerklabor steht an den BBS am Pottgraben für die Auszubildenden nicht zur Verfügung. Dieses ist jedoch für die Ausbildung durchaus sinnvoll, da gerade in einem Netzwerklabor die Schülerinnen und Schüler durch praktische Arbeit die theoretischen Kenntnisse direkt am Gerät umsetzen können.

Chancen / Verbesserungen durch das neue IT - Kompetenzzentrum:

Die oben beschriebene 1 zu 1 Situation ist in dem neu geschaffenen IT - Kompetenzzentrum realisiert. Die Arbeitsplätze sind so gestaltet, dass ein flexibles Nutzungskonzept entsteht. Flexibilität, das bedeutet, möglichst viele methodische Situationen (Einzelarbeit, Gruppenarbeit, Partnerarbeit) sollen räumlich umgesetzt werden können. Gerade in der Ausbildung der IT-Kaufleute ist eine hohe Flexibilität in den Sozialformen laut Rahmenrichtlinien notwendig. Diese fördert die Sozialkompetenz, die in den kaufmännischen Berufen unabdingbar ist, denn Projektarbeit und Teamwork sind hier der Standard. Gerade in diesem Ausbildungsberuf sollten mehrdimensionale Lehr-/Lern-Arrangements (siehe Achtenhagen, Mehrdimensionale Lehr-/Lern-Arrangements - Innovationen in der kaufmännischen Aus- und Weiterbildung, Wiesbaden, 1992) möglich sein. Sie können in dem neuen Gebäude umgesetzt werden.

Die technische Vernetzung des IT - Kompetenzgebäudes entspricht der Vernetzung eines mittelständigen Unternehmens. Ca. 300 PCs werden durch zwei reale Server, einem Router, eine Hardware-Firewall (mit Content Filter für das Internet) und einem programmierbaren Switch verwaltet. Auf dem Server laufen mehrere virtuelle Server, die den veränderten und häufig komplexeren Ansprüchen einer Berufsbildenden Schule bezüglich des Einsatzes von EDV genügen sollen. Komplexer sind die Ansprüche deswegen, weil einerseits der störungslose Einsatz der EDV gewährleistet werden soll, auf der anderen Seite aber Möglichkeiten des Testens und der Manipulation gegeben sein müssen, damit die Ausbildung im technischen Bereich auch praxisnah und handlungsorientiert gewährleistet wird. Dieses Paradoxum aufzulösen war Zielvorgabe bei der Konzepterstellung des Netzwerkes. Chance dieses komplexen Netzwerkes ist es, dass den IT - Kaufleuten gezeigt werden kann, wie dieses komplexe Netzwerk umgesetzt wurde. Damit ist wiederum die Vorgabe aus dem Lernfeld 7 erfüllt, die fordert, das IT - Kaufleute „vernetzte Systeme unter Beachtung gesetzlicher und sicherheitstechnischer Bestimmungen und unter Beachtung kaufmännischer Kriterien planen und dokumentieren" (siehe Rahmenrichtlinien) können. Für Test-Installationen wird im IT Kompetenzzentrum ein Netzwerklabor zur Verfügung stehen, das nicht in die Struktur des schulischen Netzwerkes eingebunden ist.

Eine weitere Chance - neben der guten technischen Ausstattung - liegt in Kombination der Ausbildungsgänge in dem IT - Kompetenzzentrum. Hier werden z. B. Industriekaufleute unterrichtet, die industrielle Geschäftsprozesse darstellen können müssen. Die IT-Kaufleute wiederum sollen den Industrieunternehmen IT - Lösungen anbieten. Dieses Zusammentreffen der verschiedenen Ausbildungsgänge muss man als bildungspolitische Chance begreifen. In einem Gebäude sind „Kunden" und „Lieferanten" zusammen, die voneinander lernen können. So ist es z. B. denkbar, dass die Industriekaufleute die industriellen Prozesse den IT-Kaufleuten erläutern. Die IT-Kaufleute wiederum können diese dann strukturiert in eine Visualisierungssoftware umsetzen. Das Ergebnis wird den Industriekaufleuten mit aktueller Visualisierungstechnik vorgestellt / präsentiert, so dass die Methodenkompetenz im Bereich der Präsentation bei beiden Schülergruppen verbessert werden kann. So lassen sich noch viele Beispiele finden, die durch die curriculare Vernetzung zu Synergieeffekten bei der Ausbildung führen können. Das Ausweiten und Konkretisieren dieser Gedanken wird nach der Verwirklichung der technischen Infrastrukturen Hauptaufgabe der beteiligten Lehrkräfte sein.

Nutzung des IT-Kompetenzzentrums als Fort- und Weiterbildungsstätte.

Durch die Möglichkeit, das IT - Kompetenzzentrum als Fort- und Weiterbildungszentrum zu nutzen, wird ein intensiverer Austausch mit der ausbildenden Wirtschaft entstehen. Dieser multilaterale Dialog führt insgesamt zu einer verbesserten Ausbildung, da die Vernetzung Schule und Betrieb über die reine Erstausbildung hinaus weiter gepflegt wird. Insbesondere wenn man andenkt, das Lehrkräfte z. B. Kurse für Unternehmen anbieten und diese Unternehmen dann wieder zu Spezialthemen (z. B. Sicherheitsaspekte der Vernetzung) Dozenten in die Klassen entsenden. Denkbar ist auch der Austausch mit den Fachbereichen der Universität und der Fachhochschule, um hier eine engere Verzahnung der berufschulischen Ausbildung und der darauf aufbauenden hochschulischen Weiterbildung zu erreichen. Stärker in die Überlegungen einzubeziehen sind insbesondere auch die IT Weiterbildungs- und Qualifizierungsmaßnahmen IT Spezialisten (29 Profile in 6 Geschäftsfeldern), IT Operative Professionals und IT Strategische Professionals .[1]Diese Gedanken sind noch nicht konkretisiert, müssen aber im Laufe der Nutzung des IT - Kompetenzzentrums stärker in die Betrachtung mit aufgenommen werden, insbesondere um die Verzahnung der IT-Erstausbildung mit der IT-Weiterbildung im Osnabrücker Raum aufzubauen.

Nutzung des IT-Kompetenzzentrums als Online-Prüfungszentrum

In naher Zukunft werden Online-Prüfungen als Zwischen- oder Abschlussprüfungen angeboten werden. Die IHK Osnabrück-Emsland plant ab dem nächsten Prüfungstermin die Prüfungsverwaltung papierlos zu gestalten. Da ist es ein kurzer Schritt zur papierlosen Prüfungen. Die Handwerkskammer Osnabrück Emsland plant im Bereich der Zwischenprüfung der Bürokaufleute im November dieses Jahres eine Online Prüfung durchzuführen. Aber auch Online-Klassenarbeiten sind mit den jetzt schon vorhandenen Tools möglich. Die papierlose Prüfung wird Realität. Dafür muss ein Standort wie Osnabrück gerüstet sein. Auch und gerade im Bereich der IT-Kaufleute-Ausbildung sollten papierlose Testverfahren zur Leistungsmessung Realität werden, um der betrieblichen Realität und den Ausbildungsanforderungen gerecht zu werden.

---

[1] vgl. http://www.dihk.de/it_wb/professionals/index.html

E-Learning Plattform

In dem IT-Kompetenzzentrum sollte auf einen virtuellen Server eine E-Learning Plattform für das Blended Learning geschaffen werden. Hier können z. B. Aufgaben zur Verfügung gestellt, die Schülerinnen und Schüler in den Freistunden oder am Nachmittag selbstständig lösen können, um z. B. durch Krankheit verpassten Lernstoff nachzuholen. Vertiefungskurse zu bestimmten Themen sollten angeboten werden, um den Schülern ein selbstständiges Lenren zu ermöglichen, welches wiederum auf das lebenslange Lernen parallel zum Berufsleben vorbereiten soll. Da diese Kurse augrund der Konzeption nicht von Lehrkräften aufbereitet werden können, müssen hier betriebliche Partner angesprochen werden, die diese Kurse zur Verfügung stellen, um damit ihren Nachwuchskräften Möglichkeiten der Höherqualifizierung zu bieten. Die Diskussion in diesem Bereich ist begonnen, der Dialog mit den betrieblichen Partnern wurde begonnen. Konkrete Ergebnisse sind noch nicht erzielt worden; Absichtserklärungen sind jedoch schon vorhanden. Auch hier sind insbesondere die IT Auszubildenden gefordert, denn gerade in diesen Berufen wird die Fort- und Weiterbildung durch E-Learning Konzepte Standard.

IT-Konzeption der Räume IT-Kompetenzzentrum

gemeinsame Außenstelle BBS am Pottgraben (7 Räume) und BBS am Schölerberg (4 Räume)
alle Räume können kontrolliert auf das Internet zugreifen
alle Räume „sehen" sich nur selbst – kein ungewollter Datenaustausch, Kommunikation mit anderen Räumen (realisiert über virtueller LANs)
alle Räume erhalten einen WLAN-Zugang, SchülerInnen können mit eigenen Laptops auf das Schulnetz zugreifen → Problem Sicherheit wird noch gelöst (sehr schwierig)
alle Räume haben einen Beamer
die Verwaltung hat ein getrenntes Netzwerk → keine Verbindung zum Schulnetzwerk

Gesamtvolumen: ca. 300 PCs und 2 Server

Raum IT1.1:
32 Einstellplätze mit versenkbaren Bildschirmen (aufrüstbar bis zu 40 Plätze)
Online-Prüfungen, Klassenarbeiten, Vorträge, gute mediale Unterstützung (große Leinwand, leistungsstarke Lautsprecher, Visualizer, eBeam-System, Schulungsraum für Externe

Raum IT1.2
28 Einzelplätze mit versenkbaren Bildschirmen, relativ eng gesetzt, hinterer Bereich für Gruppenarbeiten gedacht, mit rollbarer PC-Unterstützung der Gruppenarbeitstische, auch als externer Schulungsraum vermietbar

Raum IT2.1
28 PC-Arbeitsplätze mit versenkbaren Bildschirmen, Beschulung Industriekaufleute, ..., mit Gruppenarbeitstischen im hinteren Bereich des Raumes

Raum IT2.2
32 PC-Arbeitsplätze als Lernbüro konzipiert. Im Wesentlichen für die Ausbildung der Rechtsanwalts- und Notariatsfachangestellten

Raum IT3.1
28 PC-Arbeitsplätze mit versenkbaren Bildschirmen, Unterrichtsraum für die Berufsfachschule Informatik

Raum IT3.2
Einzelarbeitstische ohne PC-Unterstützung im vorderen Bereich, 24 PC-Arbeitsplätze im hinteren Bereich, Unterrichtsraum für die Berufsfachschule Informatik

Raum IT3.4 und Raum IT3.5
Jeweils ausgestattet it 24 PC-Arbeitsplätzen für die Einjährige Berufsfachschule Informatik

Raum IT4.1
Laptop-Raum mit einem Laptop-Wagen mit 8 Laptops für die Fachoberschule Informatik

Raum IT4.2
Einzelarbeitstische ohne PC-Unterstützung im vorderen Bereich, 24 PC-Arbeitsplätze im hinteren Bereich, Unterrichtsraum für die Berufsfachschule Informatik

Raum IT4.4
Einzelarbeitstische ohne PC-Unterstützung im vorderen Bereich, 24 PC-Arbeitsplätze im hinteren Bereich, Unterrichtsraum für die Berufsfachschule Informatik

R. Korswird

Ein IT-Kompetenzzentrum für die „Höhere Handelsschule"?

Die Forderung nach guten EDV-Kenntnissen von Auszubildenden ist nicht neu. Die Mehrzahl der Ausbildungsbetriebe setzt diese Kenntnisse inzwischen als selbstverständlich voraus. Der sichere Umgang mit digitalen Informationen ist eine Erfolgsbasis für jedes moderne Unternehmen. Mangelhaft qualifiziertes Personal kann die Auftragsabwicklung im Betrieb beeinträchtigen und so langfristig die positive Unternehmensentwicklung gefährden. Insbesondere junge Mitarbeiterinnen und Mitarbeiter im kaufmännischen Bereich müssen deshalb mit modernen, teilweise sehr komplexen IT-Systemen routiniert umgehen können, um ihren Beitrag zum Gesamterfolg des Unternehmens leisten zu können. Diesen Anforderungen müssen auch die Absolventen heutiger Berufsfachschulen gerecht werden, um langfristig auf dem Arbeitsmarkt zu bestehen.

Die Einjährige Berufsfachschule - Wirtschaft - für Realschulabsolventinnen und -absolventen (Höhere Handelsschule) soll ihre Schülerinnen und Schüler optimal auf den Einstieg in die betriebliche Ausbildung vorbereiten. Übergeordnete Zielsetzung dieser Schulform ist die Vermittlung kaufmännischer Grundlagen, die den Einstieg in das Berufsleben so weit erleichtern, dass eine Verkürzung der sich anschließenden kaufmännischen Berufsausbildung von drei auf zwei Jahre möglich ist. Die jährlich ca. 300 aufgenommenen Schülerinnen und Schüler sollen neben der notwendigen Sozialkompetenz die erforderliche Methoden- und Fachkompetenz erwerben, um den fließenden Übergang in die betriebliche Ausbildung zu erreichen. Sie lernen grundlegende Geschäftsprozesse kennen und bearbeiten diese praxisnah im Modellunternehmen oder in einer Übungsfirma. Um die Vielfältigkeit kaufmännischer Berufe in der Berufsfachschule abzubilden bietet die Schule neben der herkömmlichen Höheren Handelschule zusätzlich in einigen Klassen verschiedene Unterrichtsschwerpunkte an, so dass die Interessen und Neigungen der Schülerinnen und Schüler differenziert berücksichtigt werden können und eine zielgerichtete Vorbereitung auf Wunschberufe ermöglicht wird.

Die 2005 abgeschlossene Überarbeitung der bisherigen Rahmenrichtlinien (also der Vorgaben des Landes Niedersachsen bzgl. Unterrichtsformen und -inhalten) für diese Schulform erweitert die Möglichkeiten, differenzierte Unterrichtsangebote mit neuen Schwerpunkten zu bilden. Derzeit gibt es an der BBS Pottgraben drei alternative Schwerpunkte:

- Schwerpunkt Marketing,
- Schwerpunkt „Wirtschaft live" und
- Schwerpunkt Informationsverarbeitung.

Der Schwerpunkt **Marketing** wurde 2005 eingeführt und soll speziell auf marketing- bzw. vertriebsorientierte Berufe vorbereiten. In Zusammenarbeit mit unserer Partnerschule in Greifswald erarbeitet die Klasse eine eigene Marketing-Konzeption für die Tourismusbranche in Osnabrück. Bedingt durch die Entfernung zwischen Osnabrück und Greifswald bietet sich die Kommunikation per Internet an. Hier erlernen die Schülerinnen und Schüler ebenso die Erstellung von multimedialen Präsentationen wie den selbstverständlichen Umgang mit E-Mails, die den Anforderungen der betrieblichen Praxis gerecht werden. Für die Zukunft ist die zusätzliche Nutzung digitaler Diskussionsforen angedacht, um die Ergebnisse nicht nur ins Netz zu stellen, sondern auch öffentlich zu diskutieren.

Der 2003 eingerichtete Schwerpunkt **„Wirtschaft live"** ermöglicht das Kennenlernen wirtschaftlicher Zusammenhänge in realen Situationen. Dazu führen die Schülerinnen und Schüler selbstständig ein reales Kleinunternehmen, dessen betriebswirtschaftliche Weiterentwicklung sie selbst in der Hand haben. Wesentliche Entscheidungen wie z. B. über die Einführung neuer Produkte, Wege der Kapitalbeschaffung oder die Wahl der Absatzwege treffen die Schüler selbstständig. Den Lehrkräften kommt dabei eine eher beratende Funktion zu. Sie stellen im Unterricht das notwendige Basiswissen bereit, um das Unternehmen erfolgreich führen zu können. In den Klassen mit dem Schwerpunkt „Wirtschaft live" erlernen die Schülerinnen und Schüler das Handeln in wirtschaftlichen Praxissituationen und erleben, welche Erfolge ihre Aktivitäten am Markt bringen, aber auch die Folgen eventueller Fehlentscheidungen oder Versäumnisse. Unternehmerisches Denken und Handeln steht somit im Mittelpunkt, um die notwendigen Schlüsselqualifikationen für kaufmännische Berufe zu vermitteln und auszubauen. Unter Einsatz moderner Medien und aktueller Softwareprodukte führen die Schülerinnen und Schüler alle betrieblich notwendigen Tätigkeiten selbstständig aus, wodurch eine besonders gute Vorbereitung auf das spätere Erwerbsleben erreicht werden kann.

Besonders deutlich wird der Bedarf der Schule an zusätzlichen IT-Kapazitäten durch den 2001 eingeführten Schwerpunkt **Informationsverarbeitung**. Dort wird die Verwendung von Standard-Büroanwendungen von Microsoft besonders intensiv geschult. Die Absolventen können freiwillig an externen Prüfungen der Dienstleistungsgesellschaft für Informatik (DLGI) teilnehmen, in denen erworbenes Grundlagenwissen über Hard- und Software ebenso geprüft wird wie die richtige Verwendung eines Betriebssystems.

Aufbauend auf den vermittelten Grundlagen erarbeiten die Schülerinnen und Schüler das notwendige Wissen, um fachgerecht mit MS Word, Excel, Access, Powerpoint und modernen Kommunikationsformen wie dem WWW und einem

Mailclient zu arbeiten. *Selbstverständlich werden diese Inhalte auch in allen anderen Klassen der Höheren Handelsschule vermittelt*, allerdings wird beim Schwerpunkt Informationsverarbeitung intensiv auf Details der einzelnen Microsoft-Produkte eingegangen, so dass eine Zertifizierung durch die Dienstleistungsgesellschaft für Informatik (DLGI) möglich wird. Für die Schülerinnen und Schüler dieser Klassen besteht daher die Möglichkeit zum Erwerb des ECDL (European Computer Driving License). Diese Prüfungsbescheinigung, die auch als „Europäischer Computerführerschein" bezeichnet wird, ist ein international anerkanntes, genormtes Zertifikat, das Arbeitgebern einen Beleg für die fachlich- methodische IT-Qualifikation von einzustellenden Bewerbern liefert. Bis heute bieten wir als einzige öffentliche Schule in Osnabrück diese wertvolle Zertifizierungsmöglichkeit an.

Die intensive Schulung aktueller Microsoft-Produkte zwecks Zertifizierung durch externe Zertifizierungsinstitutionen wie die DLGI setzt voraus, dass jeweils die aktuelle Version des Betriebssystems und aller MS-Office-Produkte in den Klassenräumen installiert ist. Bei der bisher vorhandenen, über Jahrzehnte gewachsenen IT-Infrastruktur war dies teilweise nur mit erheblichen Anstrengungen realisierbar. Das IT-Kompetenzzentrum wird diesbezüglich deutliche Verbesserungen für die gesamte Schule bringen.

Mit den ECDL-Prüfungen wurden 2001 erstmals an unserer Schule Online-Prüfungen „live" über das Internet durchgeführt. Dabei wurden vielfältige Erfahrungen in der technischen und organisatorischen Abwicklung von Online-Prüfungen gesammelt. Seit Einführung der Zertifizierungsmöglichkeit wurden inzwischen weit über 1.500 Online-Prüfungen an der BBS am Pottgraben abgenommen. Aufgrund der wachsenden Nachfrage trat in der Vergangenheit immer wieder ein Kapazitätsproblem bei der Durchführung der Prüfungen auf, die eine Ausdehnung der ECDL-Angebote auf weitere Vollzeitschulformen begrenzte. Durch das IT-Kompetenzzentrum wird die organisatorische und technische Abwicklung von Prüfungen erleichtert, was eine Ausweitung der Angebote überhaupt erst möglich macht.

Durch die große Anzahl von Schülerinnen und Schülern in den 11 Parallelklassen der Höheren Handelsschule und die Vorgabe des Landes, grundsätzlich in möglichst allen Fächern und Lernfeldern regelmäßig mit dem PC zu arbeiten, reichten die bestehenden Kapazitäten der BBS am Pottgraben bis zum Sommer 2006 leider nicht aus, um immer optimale Rahmenbedingungen anbieten zu können. So war es bisher nicht immer möglich jeder Schülerin bzw. jedem Schüler individuell einen PC in allen Fächern anzubieten. Teilweise war Partner- oder Gruppenarbeit am PC unvermeidlich, auch wenn diese pädagogisch gerade weniger sinnvoll erschien. Besonders für allgemeinbildende Fächer wie

z. B. Deutsch, Englisch oder Religion standen in der Vergangenheit keine ausreichenden IT-Kapazitäten zur Verfügung. Von den betroffenen Lehrkräften wurde seit Jahren die Schaffung von freien Belegräumen gewünscht. Bisher war dies jedoch aufgrund der zu geringen Zahl von Rechnerräumen an der Schule leider nicht realisierbar.

Auch die durchgeführten Projekte der Höheren Handelsschule wurden in der Vergangenheit immer wieder durch nicht ausreichende Hardwareressourcen der Schule behindert. Gerade in den Schwerpunktklassen „Wirtschaft live" und „Marketing" stellte dies teilweise ein Hemmnis dar, das durch das IT-Kompetenzzentrum weitgehend beseitigt werden kann.

Durch die hinzukommenden Raumkapazitäten gewinnt die Schule notwendigen Planungsfreiraum, der zur schülergerechten Optimierung der Stundenpläne ebenso beiträgt wie zur Verbesserung der Wahlpflichtangebote im EDV-Bereich der Höheren Handelsschule. Große, flexibel nutzbare Klassenräume mit zeitgemäßer IT-Ausstattung werden durch den Umzug von Berufschulklassen in das IT-Kompetenzzentrum dauerhaft frei, so dass diese langfristig auch von der Höheren Handelsschule genutzt werden können. Insbesondere in den allgemeinbildenden Fächern dieser Schulform, in denen der PC bisher nur im Ausnahmefall genutzt werden konnte, ergeben sich neue didaktisch-methodische Möglichkeiten, die die Motivation der Schülerinnen und Schüler deutlich steigern.

Die Innovationsfreudigkeit, mit der die ausbildenden Betriebe teilweise technische Neuerungen im Bürobereich einführten, war in den vergangenen Jahren immer wieder eine Herausforderung für die Schule. Der massive Einsatz komplexer, immer wieder modernisierter IT-Systeme in den Ausbildungsbetrieben macht eine umfangreiche, aktuelle Ausstattung der Schule mit Hard- und Software unabdingbar, wenn Berufsfachschulen auf die Praxis vorbereiten bzw. das erste Ausbildungsjahr vollständig ersetzen sollen. Durch die Einführung des IT-Kompetenzzentrums kann die Schule – durch entsprechende Verträge z. B. mit Microsoft – zukünftig dauerhaft den jeweils aktuellen Standards besser gerecht werden und so noch praxis- und zukunftsorientierter ausbilden.

Im IT-Kompetenzzentrum selbst können neben neuen Unterrichtsideen auch zukunftsweisende Prüfungsformen erprobt und z. B. in Zusammenarbeit mit den Kammern weiterentwickelt werden. Dazu wurde bereits in der Planungsphase bewusst versucht, dem Trend zu mehr Online-Prüfungen gerecht zu werden. Für die Höhere Handelsschule bedeutet dies praktisch, dass zukünftig mehr ECDL-Prüfungen in deutlich kürzerer Zeit abgewickelt werden können. Weitere Angebote mit externer Zertifizierung können ausgearbeitet und den Schülerinnen und Schülern angeboten werden. Dadurch ergibt sich für sie die Chance, sich positiv von Mitbewerbern auf den Ausbildungs- bzw. Arbeitsmarkt abzuheben. Ergänzend zu den bisherigen ECDL-Zertifikaten der DLGI können für besonders interessierte Lerngruppen beispielsweise Zertifikate bis hin zum Microsoft Certified Spezialist angeboten werden. Ohne die Einrichtung des IT-Kompetenzzentrums wären derartige Angebote kaum realisierbar gewesen.

Das IT-Kompetenzzentrum trägt somit auf unterschiedlichste Weise zu einer positiven Fortentwicklung der Höheren Handelsschule an der BBS Pottgraben bei, auch wenn die ursprüngliche Planung, direkt mit einigen Klassen in das Gebäude einzuziehen, aus Kapazitätsgründen leider fallen gelassen werden musste.

C. Müller

Die Ausbildung der ReNo-Fachklassen im IT-Kompetenzzentrum

Veränderungen im Berufsbild der Rechtsanwälte und Notare

In modernen Rechtsanwaltskanzleien ermöglichen netzwerkgestützte EDV-Anwendungen dem Rechtsanwalt jederzeit, in jedes Dokument und in jede Datei einzugreifen.
Die bisherige Aufgabenteilung: – der Anwalt diktiert, die Angestellten „tippen" – verschwimmt zunehmend. Spracherkennungssysteme ersetzen die „tippende Fachangestellte". So werden die Aufgabenfelder des Rechtsanwalts und der Fachangestellten dynamisch verändert und verschoben.

Auch die Aufgabenfelder im Notariat werden durch die neuen gesetzlichen Bestimmungen und den Einzug der „Neuen Technologien" nachhaltig verändert.
Der Computer ist längst nicht mehr nur ein Arbeitsmittel für die Texterstellung und Datenspeicherung. Die Einrichtung der elektronisch geführten Register (Grundbuch, Handelsregister, u. a.) sowie die Einführung der elektronischen Signatur führen zu vollkommen veränderten Kommunikationswegen und damit auch zur Nutzung anderer „Kommunikationsmittel". Der Notar holt heutzutage seinen Grundbuchauszug online vom eigenen Schreibtisch aus ab. Er muss nicht mehr selbst zum Grundbuchamt oder etwa eine Mitarbeiterin (häufig Auszubildende) schicken. Damit fallen bisherige Standardaufgaben der Rechtsanwalts- und Notarfachangestellten zum Teil komplett weg oder werden grundlegend verändert. Neue Aufgaben können dafür hinzukommen: beispielsweise die Nutzung eines Kanzleisoftwaremoduls zur Bewältigung des Rechnungswesens.

Diese neuen Aufgaben müssen erkannt werden und bereits in der Ausbildung müssen Fähigkeiten und Fertigkeiten vermittelt und gefördert werden, die dazu befähigen, sich schnell und effektiv auf neue und veränderte Aufgaben einzustellen.

Besondere Bedingungen im ReNo-Bereich

Das duale System der Berufsausbildung geht, stark vereinfacht formuliert, von einer Teilung von Theorie und Praxis aus. Die Praxis in den Anwalts- und Notarkanzleien soll im Berufsschulunterricht theoretisch bewältigt werden.
Diese „Praxis" ist jedoch in vielen Rechtsanwalts- und Notarkanzleien in Bezug auf die Arbeitsmittel und deren Einsatz stark variierend. So sind in einigen Kanzleien modernste Rechnersysteme mit moderner Software im Einsatz. Hier sind auch die Kommunikationsstrukturen und -wege sowie die Arten der Informationsbeschaffung entsprechend umgestaltet.

In anderen Kanzleien werden Computersysteme nur partiell eingesetzt. Dementsprechend variieren die Aufgaben der Kanzleimitarbeiter.
Eine weitere Diversifikation entsteht durch die zunehmende Spezialisierung der Anwälte. In manchen größeren Kanzleien bearbeiten hochspezialisierte Anwälte nur Aufgaben ihres Spezialgebietes. Entsprechend gestalten sich die Anforderungen an die engsten Mitarbeiter.
Anderswo bearbeiten Anwälte Streitigkeiten oder Angelegenheiten der vorsorgenden Rechtspflege aus fast allen Rechtsbereichen. Den Mitarbeitern wird damit ein noch breiteres Spektrum an Aufgaben abverlangt.

Andere Kanzleien dagegen betätigen sich nur auf einzelnen Rechtsgebieten, z. B. der Strafverteidigung. Bezogen auf die Ausbildung und Anforderungen an die Mitarbeiter bedeutet dies stark spezialisierte aber auch eingeschränkte Einblicke in die berufsrelevanten Aufgabenfelder.

Eine weitere Besonderheit im ReNo-Bereich liegt in der Tatsache, dass die Anwaltschaft weit mehr Menschen ausbildet als zur Deckung des eigenen Mitarbeiterbedarfs notwendig ist, wobei dieser durch den zunehmenden Einsatz der IT-Systeme ständig sinkt.
Wer nach der Ausbildung keinen Arbeitsplatz in einer Kanzlei findet, muss auf andere Betriebe ausweichen.

Dieser Umstand muss in der Berufsschule berücksichtigt werden und bestärkt die Aussage in den Richtlinien für den Ausbildungsberuf Rechtsanwalts- und Notarfachangestellte/r, dass der Bildungsauftrag über die „bloße Prüfungsvorbereitung für den jeweiligen Ausbildungsberuf" hinausgeht.
Zudem erinnert dieser Umstand an die Zielsetzung über den Kompetenzbegriff der beruflichen Weiterbildung: „Schaffung von Grundlagen zur gesicherten Befähigung zum Handeln".

Neujustierung durch die Verlagerung des Berufsschulunterrichts in die neuen Räume des IT-Kompetenzzentrums

In der Vergangenheit wurde immer wieder versucht, die materielle Ausstattung zu erhalten, die notwendig wäre, den o. g. Anforderungen zu genügen. Mit dem rasanten technischen Fortschritt konnte die Schule durch die begrenzt zur Verfügung stehenden finanziellen Mittel natürlich nicht Schritt halten. Der Unterricht in den neu und modern ausgestatteten Räumen erweckt neue Hoffnungen:
Der neu gestaltete ReNo-Raum ist mit einer ausreichenden Anzahl von PC-Arbeitsplätzen ausgestattet, die den derzeitigen Erfordernissen der modernen Kanzlei-Software genügen. Vernetzung der Arbeitsplätze und direkter Zugriff

auf das Internet ermöglichen jetzt, den Unterricht so zu gestalten, wie es erforderlich ist, die Lernziele zu erreichen.

Die mobiliare Ausstattung des Raumes erlaubt Unterricht in allen möglichen Sozialformen. Zu Beginn des neuen Schuljahres 2006/2007 waren zwar leider noch nicht alle Unterrichtsmittel vorhanden bzw. installiert, wir sind aber zuversichtlich, dass der Raum nach der Übergangsphase effektiv genutzt werden kann und wird.

Wenn jetzt sichergestellt wird, dass die Computer nach einer angemessenen Zeit wieder durch aktuelle Systeme ersetzt werden, dann werden Fehler aus der Vergangenheit vermieden. Ein Kompetenzzentrum kann nur so lange Bestand haben, wie die Arbeitsmittel den gestellten hohen Anforderungen genügen.
Die zum Neubeginn hohe Motivation von Lehrern und Schülern kann nach einiger Zeit schnell in Frustration umschlagen, wenn sie den im Namen des Gebäudes stehenden hohen Erwartungen nicht mehr gerecht werden können, weil mit alten Systemen gearbeitet werden muss!

Die ReNo-Aubildung in Osnabrück ist derzeit dreizügig organisiert, d. h., dass pro Ausbildungsjahrgang drei Parallelklassen eingerichtet sind. Neun verschiedene Klassen, die jeweils anderthalb Berufsschultage pro Woche haben, haben also einen kurzen Schultag mit etwa fünf Unterrichtsstunden und einen langen Schultag mit sieben bis neun Unterrichtsstunden. Diese neuen Klassen begehren nun diesen Raum. Ein große Anforderung an die Stundenplanung. Aber durchaus (zumindest theoretisch) machbar! Dazu müssten die Klassen an den kurzen Berufsschultagen den Raum nacheinander nutzen. Die erste Klasse von 08.00 Uhr bis 12.15 Uhr und die zweite von 12.15 Uhr bis 16.00 Uhr oder 17.30 Uhr. Diese verlängerte Nutzungszeit der Räume ist schon an anderen Standorten erfolgreich praktiziert worden und wird in der Regel auch von den Auszubildenden akzeptiert.

Impulse und Möglichkeiten, Grenzen zu überschreiten

Die zentrale Lage des IT-Kompetenzzentrums bietet auch neue Möglichkeiten der engen Zusammenarbeit z. B. mit den Justizbehörden. Land- und Amtsgericht befinden sich nur ca. 300 Meter entfernt, die Staatsanwaltschaft 50 Meter weiter. Unterrichtsgänge sind demnach kurzfristig und ohne großen Transportaufwand durchführbar. Im Rahmen von Projektarbeiten können auch einzelne Schüler/Innen oder Gruppen die kurzen Wege nutzen.

Die Ausgestaltung der Räume mit verschiedensten pädagogischen Ausrichtungen ermöglicht auch die Nutzung durch Dritte. Diese Nutzung ist auch politisch erwünscht und angestrebt.

Für die ReNo-Ausbildung bedeutet dies, dass die Anbieter von Kanzlei-Software die installierten Programme für eigene Schulungen oder Präsentationen mit nutzen.
So kann der Kontakt zu den Dienstleistern verstärkt werden und die Dienstleister entwickeln die Systemanwendungen automatisch mit der Berufsschule anwenderorientiert weiter. Die Berufsschule ist diesbezüglich in der Regel überfordert.

In den neuen Räumen werden auch andere Berufe ausgebildet. Im Rahmen einzelner Projektarbeiten könnten beispielsweise ReNo-Gruppen das gerichtliche Mahnverfahren präsentieren und im Gegenzug stellen Informatiker den Aufbau der PC-Systeme dar.
Diese Möglichkeiten, über die Grenzen des eigenen Ausbildungsberufes hinaus das Gelernte zu präsentieren, führen zu direkten Rückmeldungen und verbessern die Effizienz und den Praxisbezug.

H. Oortmann

Berufsfachschule
Kaufmännische Assistentin/Kaufmännischer Assistent
für Wirtschaftsinformatik

Zugangsvoraussetzung: S*ekundarabschluss I (Realschule)*

Berufbezeichnung: *Kaufmännische/r Assistent/in für Wirtschaftsinformatik*

Zusatzqualifikation: *In Zusatzkursen mit abschließender Zusatzprüfung kann der schulische Teil der Fachhochschulreife erworben werden*

Mit der Rahmenrichtlinie für den Unterricht in den Fächern des berufsbezogenen Lernbereichs in der Berufsfachschule Kaufmännische Assistentin / Kaufmännischer Assistent für Wirtschaftsinformatik erfolgte im September 2000 eine Neuordnung der Ausbildung für Wirtschaftsassistenten mit Schwerpunkt Informatik.

Der allgemeinbildende Unterricht findet in den Fächern Deutsch, Politik, Religion und Sport statt.
Die berufsbezogene Ausbildung erfolgt in den Fächern Wirtschaft, Informatik, Englisch und den Wahlpflichtkursen. Die Fächer Wirtschaft und Informatik werden in Lernfeldern unterrichtet.

Struktur der Fächer und Lernfelder

Lernfeldnr.	Fach/ Lernfeld
1	Berufsbezogener Lernbereich Fächerübergreifendes Lernen[1]
Fach	Wirtschaft
2	Einzelwirtschaftliche und gesamtwirtschaftliche Prozesse
3	Absatzprozess
4	Beschaffungsprozess
5	Arbeit in und an einem Modellunternehmen
6	Mitarbeiter/in und Team

---

[1] Die Unterrichtsstunden des Lernfeldes 1 sind in den Unterrichtsfächern enthalten. Über die Integration dieser Lernfeldinhalte in die Lehr-Lernprozesse der jeweiligen Unterrichtsfächer und die dadurch bedingte zeitliche Verteilung entscheidet die zuständige Konferenz.

7	Investition und Finanzierung
8	Informationsbearbeitung
9	Softwaregestützte Buchführung
10	Jahresabschluss sowie Kosten- und Leistungsrechnung
Fach	Informatik
11	Berufliche Orientierung
12	PC-System: Hardware, Konfiguration, Installation
13	Vernetzte IT-Systeme
14	Strukturierte und objektorientierte Programmierung
15	Informationsmodellierung mit einem rel. Datenbanksystem
16	Entwicklung von Anwendungssystemen
17	Arbeit im IT-Systemhaus
Fach	Englisch

Wahlpflichtkurse

Die Berufsfachschule Kaufmännische Assistentin/ Kaufmännischer Assistent für Wirtschaftsinformatik bietet den Auszubildenden die Möglichkeit, grundlegende Kenntnisse, Fähigkeiten und Fertigkeiten in wirtschaftsbezogenen Fächern und in Informatikfächern zu erwerben, diese miteinander zu verbinden und anzuwenden. Die dafür zur Verfügung stehende Zeit soll optimal genutzt werden und im Rahmen einer schulischen Ausbildung auf die spätere berufliche Praxis vorbereiten.
Da es sich um eine schulische Berufsausbildung handelt und die Auszubildenden lediglich im zweiten Jahr ihrer Ausbildung ein vierwöchiges Betriebspraktikum absolvieren, ist es erforderlich, problemhafte Phasen der Ausbildung durch anspruchsvolle Lernsituationen zu gestalten.

Die ökonomisch-organisatorische Abwicklung der Geschäftsprozesse und die Gestaltung von Informatik-Systemen im Unternehmen als offenem, dynamischem System erfordert die Organisation und das Management von Projekten. Aus diesem Grund ist ein Schwerpunkt der Ausbildung in der Berufsfachschule der projektorientierte Unterricht in den Informatik- und Wirtschaftslernfeldern.
In der Ausbildung werden sowohl informatische als auch organisatorische Projekte durchgeführt. An ausgewählten Beispielen, insbesondere der Entwicklung von Anwendungssystemen, der Systemanalyse, der Programmierung und des IT-Systemhauses, erfolgt die Einordnung von Projekten in das gesamte Unterrichtsgeschehen.

Im Praktikum sollen die Schülerinnen und Schüler schulische Inhalte im Betrieb wieder finden und reflektieren. Sie können dabei die Leistung des Praktikumsbetriebes für den Markt einordnen, erlernte Methoden/Fertigkeiten unter Zuhilfenahme von betrieblichen IT-Systemen und Aufgabenstellungen anwenden sowie die Notwendigkeit zur Zusammenarbeit zwischen Mitarbeitern und Abteilungen begreifen.

Ein weiterer zentraler Baustein des handlungs- und geschäftsprozessorientierten Gesamtansatzes für den berufsbezogenen Lernbereich dieser Ausbildung ist die Arbeit in und vor allem an einem Modellunternehmen. Der Lernort ist ein Modellunternehmen. Das Modellunternehmen dient gegenüber dem IT-Systemhaus als Kunde. Im IT-Systemhaus sollen Systemlösungen erarbeitet und Softwareprodukte erstellt werden. IT-Systeme im Modellunternehmen können betreut und genutzt werden.

Die Vermittlung einer umfassenden Handlungskompetenz macht es erforderlich, dass die Leistungen auf vielfältige Weise überprüft und bewertet werden. Zur Leistungsbewertung werden fachpraktische, schriftliche, mündliche und weitere Lernkontrollen herangezogen. Der Anteil der fachpraktischen, schriftlichen, mündlichen und weiteren Lernkontrollen ist an den Zielformulierungen und Arbeitsweisen des jeweiligen Unterrichtsfaches oder Lernfeldes orientiert.

Für eine sachgerechte und erfolgreiche Ausbildung in dieser Schulform ist der sichere Umgang mit Komponenten und Systemen der Informationstechnik unabdingbar. Die praktische Arbeit am Computer ist zentraler Bestandteil der Ausbildung und damit auch der Lernkontrollen. Dies gilt insbesondere für fachpraktische Lernkontrollen zur Gestaltung, Betreuung und Nutzung von IT-Komponenten und IT-Systemen. Ein sicherer und selbstständiger Umgang mit IT-Systemen erfordert – vor allem für Anfänger – erhebliche kognitive und psychomotorische Fähigkeiten.

Für die Durchführung von Lernkontrollen unter Einsatz von Komponenten oder Systemen der IT-Technik sowie der Leistungsbewertung werden u. a. folgende Kriterien berücksichtigt:
- Vertrautheit mit Komponenten der Hard- und Systemsoftware
- Zielgerichtete Nutzung der Funktionen der System- oder Anwendungssoftware
- Interpretation der Rückmeldungen des IT-Systems

Die Abschlussprüfung besteht aus einer Projektarbeit und zwei kombinierten Prüfungen. Das Thema der Projektarbeit ist fächerübergreifend im berufsbezogenen Lernbereich unter Einbeziehung der beiden Fächer Wirtschaft und Informatik zu formulieren. Die Schülerinnen und Schüler werden dabei von den unterrichtenden Lehrkräften betreut. Das Thema wird zwischen der Schülerin/dem Schüler und den beurteilenden Lehrkräften abgestimmt. Inhalte der Projektarbeit sind Aspekte der Gestaltung oder Betreuung IT-gestützter betrieblicher Anwendungssysteme. Prozess und Produkt, nebst Dokumentation, der Projektarbeit sind anschließend dem Prüfungsausschuss zu präsentieren und in einem Fachgespräch zu erläutern.

In den kombinierten Prüfungen sind von den Auszubildenden ganzheitliche Aufgaben oder Fälle unter Nutzung von IT-Systemen zu lösen.

P. Pfrötschner

Einjährige Berufsfachschule – Informatik

Realschulabsolventen/Realschulabsolventinnen

Seit dem 1. August 2000 wird diese neue Schulform (der erste Schulversuch startete am 1.8. 1998) an der BBS am Schölerberg angeboten. Das Ziel der Ausbildung im Rahmen dieser Schulform ist, die Schülerinnen und Schüler auf die Ausbildung in einem der IT- oder Medienberufe vorzubereiten, sie für die Erstausbildung in einem wirtschaftlichen oder technischen Beruf besser zu befähigen und sie nicht zuletzt besser für eine aktive Teilhabe an der entstehenden Informationsgesellschaft und für die berufliche Mitwirkung darin auszustatten (nds. Kultusministerium).
Voraussetzung für die Teilnahme an der Berufsfachschule Informatik ist der Realschulabschluss. Dieser kann, bei entsprechenden Leistungen, mit dem Erweiterten Sekundarabschluss I verbessert werden, der zum weiterführenden Besuch anderer Bildungsgänge wie etwa dem Fachgymnasium „Wirtschaft" berechtigt. Die folgende Grafik zeigt die BFI im Kontext der Berufsbildung:

Zwei Drittel des Unterrichtsstoffes sind informatorisch ausgerichtet und finden im IT-Raum statt. Projektorientiertes Lernen in Zusammenarbeit mit Betrieben, Vereinen und Organisationen aus der Stadt Osnabrück und dem Landkreis stehen auf der Tagesordnung.
Nach Auswertungen von Erhebungen im Rahmen des Modellversuchs BFI ist an dieser Schule und landesweit absehbar, dass ein direkter Zugang der Absolventen/-innen zu den IT-Berufen nur schwer möglich ist, da von den IT-Unternehmen in erster Linie Abiturienten als Bewerber erwartet werden. Neuerdings zeichnet sich jedoch ab, dass von der Wirtschaft in steigendem Maße Nachwuchskräfte im wirtschaftlichen und technischen „Nicht-IT-Bereich" nachgefragt werden, deren Grundkenntnisse fortgeschrittener sind, als das in der Vergangenheit für diese Berufe notwendig war. In Zukunft genügt es eben für viele Ausbildungsberufe nicht mehr, wenn ein Text verfasst oder ein Spiel gestartet werden kann. Von den Auszubildenden wird vielmehr erwartet, dass sie sich sicher im Internet „bewegen" können, Tabellenkalkulations- und Datenbankanwendungen beherrschen und soweit Kenntnisse im Umgang mit einem IT-System besitzen, die eine Anpassung und Einarbeitung in neue Softwarestrukturen ermöglichen.
Unter diesem Gesichtspunkt dürfen sich die Schülerinnen und Schüler der BFI nach ihrem Abschluss einen Wettbewerbsvorteil erarbeitet haben, der sich auch in den traditionellen Ausbildungsberufen im Rahmen der Bewerberauslese positiv auswirkt.

Inhalte der Ausbildung

Unterrichtsfächer/Lernfelder

- Deutsch/Kommunikation (2 Wochenstunden)
- Englisch (4 WoStd.)
- Politik (1 WoStd.)
- Religion (1 WoStd.)
- Sport (2 WoStd.)
- Kerngebiete der Informatik (8 WoStd.):

  o Algorithmen und Datenstrukturen

  In diesem Lernfeld werden einfache Problemstellungen untersucht und mit Hilfe geeigneter Algorithmen und Datenstrukturen zu einem ablauffähigen Programm verarbeitet. Als Programmierumgebung wird z. Z. „Visual Basic" eingesetzt. Außerdem wird die Fehleranalyse und Dokumentation des fertigen Programms thematisiert, die Schülerinnen und Schüler präsentieren ihren Entwurf und die Problemlösung am PC.

  o PC-Systeme einrichten und verwalten

  Anfangs steht die Struktur und der Aufbau von Computersystemen im Vordergrund. Des weiteren richten sie Computersysteme auch mit Anwendungssoftware ein und stellen dessen Funktionsfähigkeit her. Neben den Grundkenntnissen über Betriebssysteme (Windows und Linux) gehört auch deren Einrichtung zum Stundeninhalt. Abschließend werden die Gefahren für Computersysteme und deren Abwehrmöglichkeiten thematisiert.

- Anwendungsgebiete der Informatik (8 WoStd.):

  o Geschäftsprozesse analysieren, abwickeln und ändern

  Die Schülerinnen und Schüler wickeln sowohl manuell als auch softwaregestützt Teile eines Geschäftsprozesses für ein Modellunternehmen ab. Dabei analysieren und dokumentieren sie die zugehörigen Organisations- und Informationsstrukturen mit Hilfe geeigneter Softwarewerkzeuge. In Projektform werden die Vorgänge des Geschäftsprozesses eines Modellunternehmens umgestaltet und die

Auswirkungen auf die betrieblichen Funktionen und die betriebliche Organisation dargestellt.

- Multimediale Dokumente erstellen und verwalten

  Unter der Berücksichtigung von gestalterischen Regeln (für Text, Grafik, Bild und Ton) erstellen die Schüler multimediale Dokumente, präsentieren diese und bereiten sie zur Veröffentlichung in geeigneten Dateiformaten auf Trägermedien (CD-ROM, Internet) vor. Sowohl eigene als auch fremde Informationsangebote werden auf Inhalt, Design und rechtliche Regelungen überprüft und bewertet. Im Vordergrund steht die Erstellung von Digitalmedien (Webseiten und Präsentationen) mit Hilfe geeigneter Software-Werkzeugen (Bildbearbeitung, Präsentationssoftware, HTML-Editoren etc.).

- Rechnergestützte technische Prozesse analysieren und gestalten

  Hier steht das Untersuchen, Planen und Strukturieren rechnergestützter technischer Prozesse im Vordergrund. Anhand einer vorgegebenen Problemstellung entwerfen die Schülerinnen und Schüler Lösungen zur Automation. Dabei wird auch die Dokumentation der Schaltnetze und der technischen Prozesse mit geeigneten Darstellungsformen berücksichtigt. Neben steuerungstechnischen Grundlagen wird besonders auf die Analyse und den Entwurf von Prozesssteuerungen Wert gelegt.

- Wahlpflichtkurse (6 WoStd.):

  - Probleme lösen mit Tabellenkalkulation
  - Relationale Datenbanken planen und realisieren
  - Texte erfassen und formatieren

- Arbeits-, Dokumentations- und Präsentationstechniken werden integrativ behandelt.

Seit dem Schuljahr 2004/05 werden an den BBS am Schölerberg Verbleibanalysen durchgeführt. Diese haben ergeben, dass ca. 50 % der Absolventen einen Ausbildungsplatz erhalten haben (davon ca. 8 % im IT-Bereich), ca. 40 % wollten eine weiterführende Schule besuchen und 10 % haben entweder keine Angabe gemacht oder sind in den Bundeswehr-/Zivildienst gegangen.

Didaktisch-methodische Chancen für die BFI durch das ITK

Erstmalig konnte im laufenden Schuljahr für die beiden Klassen der BFI jeweils ein eigener Klassenraum eingerichtet werden. Aufgrund der Auslastung der IT-

Räume am Hauptstandort der BBS am Schölerberg war dies bisher nicht möglich, was zur Folge hatte, dass die Schüler häufig den Raum wechseln mussten. Ein eigener Klassenraum kann zu einer höheren Identifikation der Schüler mit dem Raum und den dortigen Einrichtungen (insbesondere den PCs) führen. Eine bessere Entwicklung verschiedener Sozialkompetenzen ist somit möglich.

Die qualitativ hochwertige Ausstattung des ITK (sowohl software-, hardware- als auch netzwerktechnisch) kann die intrinsische Motivation der Schüler zur Erlangung informatorischer Kompetenzen fördern. Sie befinden sich in ihrer schulischen Umgebung näher am informatorischen „Puls der Zeit" und erhalten so bessere Möglichkeiten zur Qualifikation in den IT-Berufen. Durch die Mitgliedschaft der BBS am Schölerberg an der MSDNAA (Microsoft Developer Network for Academic Alliance) können die Schüler die meisten Microsoft-Produkte (außer Word, Excel und Powerpoint) kostenlos privat nutzen. Dies erleichtert in einem hohen Maße die Formulierung und Vergabe von Haus- und Projektarbeiten durch die Lehrkräfte.

Die Bündelung der IT-Berufe und IT-Schulformen am ITK eröffnet den Schülern viel bessere Möglichkeiten, sich sowohl über die IT-Berufe als auch über eine potenzielle schulische Laufbahn im IT-Bereich zu informieren.

B. Schröder

Weiterbildung

Die wirtschaftlichen Veränderungen bedingen erhöhte Anforderungen an die Berufstätigkeit[1], die durch entsprechende Weiterbildung ergänzt werden muss, denn die raschen wirtschaftlichen Veränderungen bedeuten eine Abwertung der einmal erworbenen beruflichen Qualifikationen. Die berufsbezogene Weiterbildung muss dann über das gesamte Erwerbsleben hinweg das Humankapital aktuell halten und außerdem müssen Wettbewerb und Strukturreformen die Leistungsfähigkeit des Bildungssystems steigern.

Für die von der Entwicklung stark betroffenen Arbeitstätigkeiten treffen alle drei besonders in den neuen Informationstechnologien zu.
Da es in der Zukunft mehr und mehr darauf ankommt, frühzeitig auf sich abzeichnende Veränderungen der beruflichen Anforderungen zu reagieren, darf die Weiterbildung nicht nur von der Anforderung der Betriebe und in der Reaktion der betroffenen Beschäftigten ausgehen, vielmehr muss die Weiterbildung auch durch die Bildungsinstitutionen der beruflichen Bildung angeboten werden. Diese Kurse versteht Zimmermann als berufsbegleitende Kurse.
Das könne im Sinne der Aufgabenstellung für die Gesamtheit der beruflichen Bildung im Sinne des lebenslangen Lernens nur dann gelingen, wenn die Schulen allgemein sich systematisch für Weiterbildungsinitiativen öffnen.

Will man diese berechtigt erscheinenden Forderungen aufgrund einer plausiblen Gegenwartsanalyse in ein konkret zugestaltendes Projekt/Modell einbringen, dann erscheint es erforderlich, dass die berufsbildende Schule als legitimer Ort der beruflichen Weiterbildung charakterisiert werden kann, um zu garantieren, dass der Wert der pädagogischen Kompetenz nicht unberücksichtigt bleibt.
Zunächst ausgehend von der Gesetzeslage ist die berufliche Weiterbildung nach dem Berufsbildungsgesetz Bestandteil der beruflichen Bildung und damit legitimerweise am Ort der berufsbildenden Schule lokalisierbar. Die Maßnahmen zur beruflichen Fortbildung und zur beruflichen Schulung sind in den §§ 46 und 47 BBiG behandelt und damit ist die berufliche Fortbildung als berufliche Erwachsenenbildung definiert und ihre Grundlagen werden in einer geordneten und einheitlichen Maßnahme an die technischen, wirtschaftlichen und gesellschaftlichen Erfordernisse beschrieben.

Mit den Markierungspunkten des Bundesministers für Bildung und Wissenschaft wird die berufliche Fortbildung in ein umfassendes Angebot eingeordnet, das die Durchlässigkeit der beruflichen Bildung sicherstellen soll.

---

[1] Zimmermann, Klaus F. (Hg.) Deutschland – was nun?, München 2006, S. 178

Der Bildungsrat formulierte Weiterbildung als Fortsetzung der Wiederaufnahme des organisierten Lernens nach Abschluss einer ersten Bildungsphase. Das Ende der ersten Bildungsphase sei in der Regel durch den Eintritt in die volle Erwerbstätigkeit gekennzeichnet. Damit wird die Erstausbildung zusammen mit der beruflichen Weiterbildung als integrierter Bildungsbereich „Weiterbildung" verstanden und auch so genannt.
Im Strukturplan „Weiterbildung" wurde bereits sehr früh vorgeschlagen, dass die Berufsausübung zur Vornahme von Weiterbildungsmaßnahmen unterbrochen werden sollte. Uns scheint, dass in diesem Strukturplan die berufsbildenden Aspekte allerdings zu kurz kamen. Es gab zwei nahezu gegeneinander gerichtete Positionen. Nach den Vorstellungen des Deutschen Bildungsrates sollte Weiterbildung den Ansprüchen auf Selbstverwirklichung und politische Mitbestimmung dienen und auch den berufsqualifikatorischen Anforderungen entsprechen. Sowohl die Kombination beruflicher und politischer Bildung als auch allgemeiner und beruflicher Bildung stellten die berufliche verwertbare Weiterqualifizierung mit politisch-sozialer Orientierung fest. Das Konzept der OECD „Ausbildung und Praxis im periodischen Wechsel" orientierte sich dann allein an der beruflichen Verwertbarkeit der Weiterqualifizierung. Aus all dem wird noch nicht deutlich, wie Prozesse der Weiterbildung zu gestalten sind.
Auf dem Berliner Kongress des Bundesministers für Bildung, Wissenschaft, Forschung und Technologie am 01. und 02. Februar 1996 wurde ein Programm entwickelt, mit dem die traditionelle berufliche Weiterbildung erweitert werden sollte und zwar mit der Forderung nach Kompetenzlernen (Weinberg).
Das Modell – mit ausdrücklicher Betonung Weinbergs – hat Ähnlichkeit mit dem Weitergeben und Abwandeln von Erfahrungswissen in der Kommunikation von Mensch zu Mensch. Dieser Typ der Weitergabe und in der langsamen Transformation von Erfahrungswissen reicht aber nicht mehr im Alltagslernen für die Qualifizierungsbedarfe der gegenwärtigen hochtechnisierten aus, das durch Globalisierung in ein umfassendes Konkurrenzsystem eingeschlossen ist. Er müsse ergänzt werden durch einen Kooperationstyp, der sich als konstruktive Kooperation bezeichnen läßt. Diese konstruktive Kooperation bedeutet, dass in die Arbeitsprozesse Lernprozesse nicht nur mit einfließen, sondern sich dort regelrecht „breitmachen" (Weinberg).
Diese kurze Skizze zur Entwicklung der Weiterbildung als Kooperationsmodell oder auch als integraler Bestandteil beruflicher Bildung zur Kompetenzentwicklung lässt sich zusammenfassen:
Weiterbildungen sind Maßnahmen, die an Erwachsene gerichtet sind, die im Anschluss an eine erste berufliche Qualifizierung sowohl Fortbildungsmaßnahmen als auch Umschulungen umfassen und die die politische und soziale Dimension, die in diesen Bereichen wirksam werden, einschließen.

Sie bedeuten die Individualisierung dieses Prozesses in dem Sinne, dass sie zur Realisierung individueller Aufstiegschancen und zur Abwendung drohender Arbeitslosigkeit beitragen können.

- Die Industrialisierung vollzieht sich auf der didaktischen Basis, die inhaltlichen Erfordernisse und persönlichen Defizite unter Berücksichtigung des technischen Wandels auch als lebenslanges Lernen zu berücksichtigen. Darin ist die spezifische Lernfähigkeit Erwachsener einzuschließen.

- Dazu bedarf es eines institutionellen Rahmens, in den die Weiterbildner ihre spezifischen pädagogisch-didaktischen Professionalitäten einbringen können.

Was folgt daraus: Wir brauchen zur Lösung der Probleme unserer beruflichen Bildung ein bewusst gestaltetes Geflecht der verschiedenen Lernmöglichkeiten, das Lernen im Prozess der Arbeit ebenso wie die traditionell organisierte Weiterbildung, das die Verantwortung für das selbstgesteuerte Lernen wie die gezielte Personalentwicklung oder das Lernen im sozialen Umfeld umfaßt, denn Lernen in einem anderen Kontext durch Nutzung von IT ermöglicht neue Lernerfolge. Außerdem wird vor dem Hintergrund des lebenslangen Lernens auch eine engere Verknüpfung zwischen Erstausbildung und Weiterbildung gebraucht. Im Bereich der betrieblichen Weiterbildung als größtem Bereich vollziehen sich gegenwärtig Strukturveränderungen, die auf eine neue betriebliche Lernens- und Unternehmenskultur abzielen.

Erpenbeck[1] sieht die Reaktionen zur Veränderung und Verbesserung der beruflichen Weiterbildung in der Globalisierung der Märkte, den weltweiten Wettbewerbsdruck, die hohen Qualitätsansprüche an Produkte und Dienstleistungen und vor allem die raschen technologischen und gesellschaftspolitischen Veränderungen. Dadurch sei die Zukunft real offen und das führe zu der Forderung, dass die Lernenden als sich selbst organisierende Systeme zu begreifen wären. Das Schwergewicht innerhalb der Erwachsenenbildung verlagert sich damit von der Ausbildung auf die lebenslange berufliche Weiterbildung in Richtung Kompetenzentwicklung.
Bärbel Bergmann entwickelt zur Realisierung der Kompetenzvermittlung im Alltag des Handlungsverzuges ihren Modellbeitrag aus den alten Arbeitssituationen durch Systematisierung und Pädagogisierung als Kompetenzentwicklung, der durch Lernen in der Arbeit als Prozeß generiert.[2] Dessen systematische und pädagogisch strukturierte Phasen, werden alle mit dem neuen (unerwarteten) konkreten Arbeitssituationen sowohl als integrierte als auch als separierte Teile gestaltet. Sie erweitert aber das Konzept Erpenbecks dadurch, dass sie die Bear-

---

[1] vgl. Erpenbeck, John, Kompetenz und kein Ende? In: Bulletin Quem, Berlin 1/96
[2] vgl. Bergmann, Bärbel, Kompetenz durch Lernen in der Arbeit, in: Erpenbeck, J., a.a.O., S. 15

beitung von Aufgaben nicht nur aus den gegebenen Arbeitsabläufen entwickelt, sondern als Modelle Module entwirft und in das Gesamtkonzept integriert. Diese werden in gegebenen Spielräumen als Lerngegenstände angeboten. Die Wissensaneignung im Sinne der Informationsaufnahme ist dafür die Basis als gewissermaßen erste Phase dieses Prozesses.

Der Prozess, den Bergmann vorschlägt, und der für die Mitarbeiter eine eigene Schwachstellenanalyse und Schwachstellenbeseitigung voraussetzt, geht zunächst von der Wissensaneignung aus, die als Defizit auf dem Wege der Zielerreichung erkannt worden ist. Die Prozesse des Lernens in der Arbeit, so Bergmann, gelingen effektiver mit externer Förderung, die das selbständige Lernen begleitet:
1. Hilfe bei der Transformation von objektivem Lernbedarf,
2. das Einräumen von Zeit,
3. Erarbeitung von Lernschwerpunkten und –inhalten,
4. die Erarbeitung von Lernmaterialien,
5. die methodische Gestaltung des Lernens in der Arbeit,
6. die Organisation und
7. die Zielgruppen. „Lernunterstützungen sind im Sinne einer Anpassung an die Zielgruppen zu modifizieren." Die unterschiedlichen Zielgruppen definiert sie im Zusammenhang mit Situationsbeschreibungen in Tätigkeitsbereichen:
- mit abgeschlossener Ausbildung zur Erarbeitung auf einen Arbeitsplatz,
- mit Bedürfnissen, die durch Aufgaben komplexer Art an einem anderen Arbeitsplatz entstehen,
- mit Quereinsteigern zum Abbau der Defizite und zur Anpassung an den Stand der Produktionstechnik,
- mit Vorhandensein mehrjähriger Berufserfahrung, die wieder aufbereitet wird.

Auch Erich Staudt[1] geht davon aus, dass ohne die nachhaltige Förderung des Wissensaufbaus, der Vermittlung und Nutzung von Wissen und der Weiterentwicklung von Wissen Strategien für die Produktion im 21. Jahrhundert nicht mehr möglich sind. Es muß zu tiefgreifenden Veränderungen im Umfeld kommen. Nach seiner Analyse basiert diese Forderung auf der zunehmenden Theoretisierung und Spezialisierung der Ausbildung auf verstärkter regionaler Verteilung von gebundenen know-how-Beständen; auf steigende Erfordernisse der Kopplung interdisziplinärer und branchenübergreifender Kenntnisse. Dieses alles, so Staudt, läßt sich nicht mehr mit naiven Technologietransfers bewerkstelligen. Denn die Transferförderung konzentriere sich einseitig auf den Zugang zu

---

[1] vgl. Staudt, Erich, Kompetenz als Standortfaktor einer innovierenden Gesellschaft, in: ebenda, S. 20 ff.

Wissen.[1] „Die Transfermöglichkeiten sind aber letztlich nicht durch die Verfügbarkeit von Daten und Datenbanken, sondern durch die individuellen Kompetenzen bzw. die organisationalen Aufnahmefähigkeiten der Adressaten begrenzt."[2] Da hinzu kommt, dass das Fachwissen als Basis für spezifische Problemlösungen zwar durch wissenschaftliche Veröffentlichungen oder Datenbanken frei transferierbar erscheint. Es handelt sich jedoch nur um den Anteil an notwendigem Wissen in Form von wissenschaftlichen Erkenntnissen, die in schriftlichen Dokumentationen und Zeichnungen verfügbar sind. Dieses Wissen ist nach Staudt im konkreten Innovationsfall nicht ausreichend. Zur konkreten Anwendung kommt dann das technische Können oder Erfahrungswissen hinzu, das mit Informationssystemen oder Datenbanken nicht transferierbar ist. Diese Kompetenz, nämlich das Erfahrungswissen, ist in Personen verankert, in Organisationen formiert und gleichsam privatisiert. Sie wird deshalb auch in der institutionalisierten Weiterbildung nur zu einem Bruchteil vermittelt. Die Technologietransferdiskussion geht am eigentlichen Problem vorbei. Gegenwärtig kann kein gebundenes technisches Können nur über persönlichen Erfahrungsaustausch und zwischenbetriebliche Transaktionen vermittelt werden. Der Umweg über tradierte Forschungsinstitute ist zu umständlich und die Homogenität der Förderprogramme korrespondiert nicht mit der Komplexität der Anwender. Nun hat aber Ortfried Schäffter[3] darauf hingewiesen, dass das traditionelle Verhältnis zwischen Lehrtätigkeit und Lernen weitaus weniger geklärt sei als vielfach angenommen. Dass Lernen aber durch eine Lehrtätigkeit unmittelbar gesteuert werden könne, erweise sich praktisch und theoretisch als eine berufstheoretische „Selbstvereinfachung" von pädagogisch Tätigen. „Diese Selbstvereinfachung ist verständlich, weil angesichts einer bedrohlichen Unüberschaubarkeit von Wirkungszusammenhängen sonst eine Handlungsfähigkeit kaum noch gegeben ist". Dennoch gelte es zu bedenken, dass sich in der Mehrzahl institutionalisierter Lernarrangements das Verhältnis zwischen Lehrtätigkeit und lernender Aneignung von keinem der beteiligten Akteure voluntaristisch steuerbar ist.[4] Schäffter schlägt vor, von Qualifizierungsprozessen zu einem Initiieren, Aufbauen und Gestalten von Entwicklungsverläufen auf die Ebenen Individuum – Gruppe/Familie – Organisation überzugehen.[5] Er hat dieses Thema als modernes Problem der Bildung erkannt und behandelt.[6] Durch den gegenwärtigen rapiden gesellschaftlichen Wandel könnten die traditionellen

---

[1] Für KMU ist gerade das ein Problem in der Qualifizierung durch Weiterbildung. Deshalb wird das zu erstellende Modell keine einseitige Theoretisierung vorschlagen.
[2] Da dies besonders für Klein- und Mittelbetriebe zutrifft, ist hier der Regionalbezug für die Aktivitäten, die das IT-Kompetenzzentrum den Betrieben anbieten kann, gerade gegeben.
[3] vgl. Schäffter, Ortfried, Weiterbildung in der Transformationsgesellschaft, Berlin 1997
[4] vgl. Schäffter, Ortfried, a.a.O., S. 134 f.
[5] ebenda.
[6] Schäffter, Ortfried, a.a.O.

Formen von beruflicher Weiterbildung nicht mehr den Ansprüchen gerecht werden. Von dem Prozeß des Strukturwandels
- dem politischen Gestaltwandel
- der Rationalisierungskrise
- der Globalisierungskrise
- dem demografischen Strukturwandel
- der Krise der Arbeitsgesellschaft
- der Krise der gesellschaftlichen Institutionen und dem Zusammenspiel von Interferenz der Transformationsprozesse sind nicht nur Institutionen betroffen, sondern auch die Informations- und Lernprozesse im Verlauf der Berufsorientierung. In diesen gesellschaftlichen Umbruchsituationen schlägt der bisherige Leistungsvorteil institutionalisierten Lernens zu einer Strukturschwäche um,[1] die von uns in unserem Fall durch ein Kooperationsmodell zumindest gemildert werden soll.

Die institutionalisierten Lernangebote werden verändert bzw. ergänzt durch nicht institutionalisierte Angebote. Diese lägen in den Gesprächs- und Beratungsformen zwischen Betrieben und Schule. Es geht auch bei Schäffter um eine Neubestimmung des Verhältnisses zwischen individuellem Lernen und gesellschaftlich hervorgerufenen neuartigen Lernanlässen.
Auf dem 3. Zukunftsforum „Arbeiten und Lernen – Lernkultur, Kompetenzentwicklung und innovative Arbeitsgestaltung" in Berlin[2] wurde diese Initiative weiterentwickelt, basiert auf der Erkenntnis, dass im Prozeß der Arbeit die Lernergebnisse höher seien als bei traditionellen Formen der Weiterbildung.[3] Zu dem dazu gehörenden Medieneinsatz betonte Keil-Slawik[4], dass davon die Geschwindigkeit der erforderlichen Anpassung abhänge. Neue und traditionelle Medien seien als Alternativen zu verstehen. Kooperative Medien, die zur Organisation individueller Formen geeignet sind, steigern ihre Wirksamkeit als Ergänzung und Verlängerung traditioneller Lerngemeinschaften und Institutionen, sie seien nicht geeignet als deren Ersatz.

Schule, Bildungspolitik und Erziehungswissenschaft haben bereits bei frühem Erkennen der Auswirkungen des strukturellen gesellschaftlichen Wandels u.a. dadurch reagiert, dass im Zuge einer Bildungsreform neue fachliche Inhalte ge-

---

[1] vgl. ebenda, S. 11
[2] s. Tagungsbericht dazu, herausgegeben von der Arbeitsgemeinschaft Betriebliche Weiterbildungsforschung 2001
[3] vgl. Erpenbeck, J./Sauer, J., Das Forschungs- und Entwicklungsprogramm „Lernkultur Kompetenzentwicklung" in: Arbeiten und Lernen – Lernkultur, Kompetenzentwicklung und Innovative Arbeitsgestaltung, Berlin 2001, S. 15
[4] Vgl. Keil-Slawik, R., Neues Lernen und Neue Medien, in: wie vor, S. 116 f.

fordert und in Teilen in das Schulsystem eingeführt wurden[1] und innerhalb dieser erweiterten fachlichen Struktur auch die Berücksichtigung sogenannter „außerschulischer Lernorte" wie die Betriebserkundungen und Betriebspraktika vorgeschlagen wurden.[2] Sie schaffen die Abkehr von additiv zusammengestellten Einzelangeboten hin zu einem konzeptionellen Denken in längerfristigen, meist offenen und selbst organisierten Entwicklungsprozessen.

Nun liegt eine Schwierigkeit darin, dass der gegenwärtig gebräuchliche Lernbegriff sich auf das institutionelle Lernen bezieht. Theoretisch ist die strukturelle Differenz zwischen Lernen in institutionellen Kontexten Lernen unter alltäglichen Handlungsbedingungen (z.B. Praktika) noch nicht entwickelt.[3] Damit wird – wenn auch nicht ausdrücklich – das nicht institutionalisierte Lernen als geringerwertig abqualifiziert.

In jüngster Zeit hat zu dieser Thematik und der Entwicklung des Problems berufliche Weiterbildung die „Arbeitsgemeinschaft betriebliche Weiterbildungsforschung" einen Entwurf zum Changemanagement in Weiterbildungseinrichtungen vorgelegt. (Dezember 2005). Dieser wird im Folgenden zur Diskussion gestellt.

Diskussionsvorschlag
für das neue IT-Zentrum zur Berücksichtigung der Weiterbildung

Die „Arbeitsgemeinschaft betriebliche Weiterbildungsforschung" legt in ihrer jüngsten Veröffentlichung (Dezember 2005) einen Entwurf zum Changemanagement in Weiterbildungseinrichtungen vor.[4] [5]

In der Weiterbildungsdiskussion wird nach den Veröffentlichungen auch dieser Arbeitsgemeinschaft gegenwärtig eine „Organisationsentwicklung im Kontext von „Re-Institutionalisierung" geführt. Dazu seien drei Schwerpunkte von innovationsbezogenem Changemanagement zu beachten:
I.   Klärung gesellschaftlicher Veränderungsanforderungen an Einrichtungen beruflicher Weiterbildung. Der Focus von pädagogischem Changemana-

---

[1] Die erste Initiative war die Einrichtung des Deutschen Ausschusses für das Erziehungs-Bildungswesen, der für das allgemeinbildende Schulwesen die Einführung des Faches Arbeitslehre forderte
[2] Schäffter weist auf die Analogie zwischen Weiterbildung und Betroffensein des Erziehungs- und Bildungssystems ebenfalls hin – s. ebenda, S. 22
[3] vgl. ebenda, S. 133
[4] Schäffter, Ortfried, 6/2005
[5] Zur grundsätzlichen Problematik des Changemanagements in berufsbildenden Schulen, in: Szewczyk Michael, Management in berufsbildenden Schulen, Frankfurt a.M. 2005, S. 151 ff.

gement liegt nach diesem Entwicklungsmuster auf der Leistungserstellung. Um diese zu erreichen, sind drei Schwerpunkte erforderlich.
- Gefordert ist die gemeinsame Erarbeitung eines Selbstverständnisses als pädagogische Dienstleistung, die für alltagsgebundenes Lernen eine Unterstützungsfunktion zu übernehmen hat, die dazu eine lernförderliche Infrastruktur braucht. Dabei ist immer nach diesem Grundprinzip (Subsidiarität) für die pädagogische Dienstleistung gegenüber dem alltagsgebundenen Lernen der Vorrang einzuräumen.
- Die neuen Strukturen sollen aufgabenbereichsübergreifend sein, weil eine einrichtungsinterne Flexibilisierung in Form von aufgabenbereichsübergreifenden Strukturen notwendig ist.
- Es wird eine einrichtungsübergreifende Vernetzung von Weiterbildungsorganisationen als erforderlich angesehen, die in regionalen Entwicklungskontexten stehen. Weiterbildungseinrichtungen sind eingebettet in gesellschaftliche Entwicklungszusammenhänge. Daraus beziehen sie ihr Leistungsprofil und ihr pädagogisches Selbstverständnis. Ziel ist der Aspekt von alltagsnaher Kompetenzentwicklung, die sich somit nicht auf individuelles Lernen beschränkt, sondern strukturellen Wandel zur Sicherung von Qualität und Professionalität in den gesellschaftlichen Handlungsfeldern mit einbezieht.

II. „Wechsel von einer angebots- zu einer bedarfsorientierten Weiterbildungskonzeption."
- 1. Die bedarfsorientierte Weiterbildungskompensation basiert auf den Schwächen bisheriger Angebotsorientierung. Diese habe das Transferproblem noch nicht gelöst.
- 2. Der Bildungsbedarf rückt in den Vordergrund. Zur Klärung ist es erforderlich, zwischen unterschiedlichen Bedarfsbegriffen zu differenzieren
- - Erfundener Bedarf (gemeint ist der Bedarf durch pädagogische Konstruktion neuer Zielgruppen).
- - Gefundener Bedarf (dieser Bedarf ist das Ergebnis einer Adressatenforschung auf der Grundlage empirischer Sozialforschung).
- - Entwickelter Bedarf (dieser Begriff stammt aus dem Deutschen Bildungsrat und ist vor dem Hintergrund einer bildungspolitischen legitimierten Zielvorgabe entwickelt).

Das Fazit daraus: das Changemanagement richtet sich auf co-produktive Angebotsentwicklung (als wichtige Entwicklungstendenz).

III. Innovation und Innovationsfähigkeit als Ziel von Changemanagement
   1. Im Rahmen von Changemanagement lassen sich zwei Intensitätsgrade von Innovation unterscheiden. Nicht jede Neuerung ist bereits eine Innovation.

Daher ist bei Chancemanagement zu differenzieren zwischen
- Innovationen anwachsender kleinerer Veränderungen auf der logischen Grundlage einer „partiellen Negation" des Bekannten.
- Innovation als einem Sprung zwischen einander inkommensurablen Lernkontextierungen, was logisch einer „totalen Negation von bisher Bekanntem" entspricht.
2. Für die Beurteilung von Veränderungsprozessen im Chancemanagement ist es hilfreich, den jeweiligen Ausgangspunkt einer innovativen Dynamik innerhalb einer Weiterbildungseinrichtung zu beachten:
- Einerseits kann sie von der Bedeutung von kreativen Persönlichkeiten für Innovationen ausgehen und im Rahmen von Personalentwicklung, Ziele des Potentialmanagements verfolgen,
- andererseits kann als Ausgangspunkt einer innovativen Dynamik eine veränderungsförderliche sozial-strukturelle Ausgangslage von Bedeutung sein, die es in der Weiterbildungseinrichtung durch Changemanagement zu initiieren, zu fördern und zu unterstützen gilt.
3. kann als Gegenstandsbereich von Neuerungen gelten:
unterscheiden zwischen Produktinnovation einerseits und Verfahrensinnovation andererseits.

Das bedeutet, dass Changemanagement in Weiterbildungseinrichtungen prinzipiell die Differenz zwischen produktgebundener Innovation und verfahrensorientierter Innovationsfähigkeit zu beachten hat.

Ausblick: Zum Schluß wird für die Entwicklung eines MV-Modellversuchs der Vorschlag von Schäffter zur Diskussion gestellt, der als Richtschnur für das Osnabrücker IT-Kompetenzzentrum eine Basis sein könnte.

Zusammenfassung des Modellansatzes – Resümee

Das Modell IT-Kompetenzzentrum hat in seiner Mitte einen Teil des Systems der Berufsbildenden Schulen als Teilzeitberufsschulen und als Vollzeitschulen, von denen inhaltliche Erweiterungen sowohl in den Bereich beruflicher Weiterbildung als auch zur Unterstützung der Berufswahlhilfe im in das allgemein bildenden Schulwesen ausgehen. Dabei stützt sich der Kern sowohl wie seine Ausprägungen in die Weiterbildung und in die vorberufliche Bildung hinein auf das Eckwertepapier der BLK zur Reform der beruflichen Bildung.
Eine direkte Verschränkung hin zu den deckungsfähigen Inhalten zwischen beruflicher Bildung und Allgemeinbildung sind die Grundfertigkeiten, die als Propädeutika dem IT-Kompetenzzentrum zuzuordnen sind. Diese Grundfertigkeiten der spezifischen IT-Ausbildungsberufe haben derart propädeutischen Charakter, dass sie in Form von Arbeitsgemeinschaften in Kombination mit Berufs- und Berufsfachschülern den allgemein bildenden Schulen zur Verfügung gestellt werden.
Auf der anderen Seite: Zur Weiterbildung hin können wiederum spezifische Berufsinhalte auch als Ergänzungsqualifizierung oder Weiterbildung, im engeren Sinne auch als Eingliederungsqualifizierung in der Form von Weiterbildungskursen kombiniert strukturiert werden. Dabei ist daran gedacht, systematisch Module zu entwickeln, die von den Absolventen für ihre künftige Berufstätigkeit aber auch von Betrieben als Qualifizierungsvorstellungen nach den Bedürfnissen der Angestellten angefordert werden können.
Für beide angrenzenden Bereiche kommt es für das Modell nicht nur darauf an, grundlegende fachliche Qualifizierung, die in dem Bereich allgemeiner Bildung verschränkt ist, in das Modell einzubauen, sondern auch sozial-kommunikative und methodische Fähigkeiten gewissermaßen als Doppelqualifizierung einzubauen.

Die gesetzlichen Vorgaben, dass die allgemein bildenden Schulen ihre Schülerinnen und Schüler im Rahmen schulformspezifischer Zielsetzungen über Bildungswege in den Berufsbildenden Schulen informieren, wird mit dem Modellansatz Rechnung getragen. Solche Veranstaltungen sind nicht reduziert gedacht als Hospitationen und Tage der offenen Tür, sondern als integrative Unterrichte, in denen die Lehrkräfte für Fachpraxis z. B. im Rahmen berufsorientierender Maßnahmen in den Allgemeinbildenden Schulen eingesetzt werden. Den Anliegen der Unternehmungen, die als Abnehmer nicht nur der ausgebildeten Fachkräfte, sondern auch als Abnehmer von Auszubildenden auftreten, wird für diese Kombination der beiden Schulformen grundsätzlich Rechnung getragen. Sozial-kommunikative Kompetenz, die sich bei Kontakten in Netzwerken als erforderlich erweist, ist ebenso eingeschlossen, wie die Vermittlung interkultureller Sensibilität in Verbindung mit fremdsprachiger Kompetenz.

Es wird erwartet, dass die gestiegenen Anforderungen in der Praxis, insbesondere dort an die Medienkompetenz, den bedarfsgerechten Einsatz von IT zur Lösung von Problemsituationen erforderlich macht, dass methodisch die Nutzung des Internets zur Informationsgewinnung und der zunehmende Einsatz von Selbstlernmedien eine Rolle spielen. Die erwarteten Schnittmengen zwischen kaufmännischer Basisqualifikation und fachbezogenen methodischen und sozialkommunikativen Fähigkeiten auf der einen Seite und E-business andererseits fordern nicht nur von den Absolventen in den Ausbildungsberufen, sondern auch von den Auszubildenden vor Eintritt in die Berufsausbildung entsprechende Qualifizierungen.

Ein besonders wichtiges Ziel ist es zu erreichen, dass die Anforderungen der Berufspraxis mit Unsicherheiten hinsichtlich der richtigen Durchführung einer Aufgabe künftig erfüllt werden können und deren steigende Bedeutung beachtet wird. Das erfordert eine zeitweilige neue Rollenübernahme, dass der Fachmann nämlich sich an Fragen der sekundären Qualifizierung gewissermaßen erst herantasten muss.

Dies ist in der Weiterbildung eine der wichtigsten Zukunftskompetenzbereiche. Gerade deshalb ist es notwendig, dass bereits in der Berufswahlphase in der vorberuflichen Bildung diese Kompetenzen entwickelt und geübt werden müßten.

Das bedeutet nicht Anpassung an die bestehenden Verhältnisse, Ausrichtung der Menschen, gerade auch der Auszubildenden an die Gegebenheiten der Praxis mit ihren zu erwartenden Problemen aus der Pluralisierung, sondern es bedeutet gerade Umgehen lernen mit dieser Entwicklung, um sich dieser Entwicklung anzupassen, mit ihr umgehen lernen und sie beherrschen lernen.

Eine solche Zielsetzung verlangt die Aufhebung organisatorischer und institutioneller Grenzen, da diese Probleme nicht an Schulformen und Schulstufen Halt machen und auch nicht an den unterschiedlichen, vielleicht widersprüchlichen Vorstellungen der Schulen einerseits – differenziert nach allgemein bildenden und Berufsbildenden Schulen – und nach betrieblichen Ansprüchen und Anforderungen andererseits.

Literaturverzeichnis

Abel, Heinrich/Groothoff, Hans-Hermann
Die Berufsschule, Gestalt und Reform, Darmstadt 1955
Antony, Ernst
Bildungsaufgabe der Handelsschule, in: Wirtschaft und Erziehung, 8/1957
Aron, Raymond
Die industrielle Gesellschaft, 2. Aufl., Frankfurt 1962
Balzert, Burkhardt
Lehrbuch der Software – Technik: Software – Management, Heidelberg/ Berlin 1998
Barsickow, Heinz Joachim
Berufswahlorientierung in der Handelsschule, in: Wirtschaft und Gesell-Schaft im Beruf, 23/1998/5
Bergmann, Bärbel
Kompetenz durch Lernen in der Arbeitswelt, in: Erpenbeck, John/
Behrens, Gerd/Hoppe, Manfred/Hübner, Manfred, Moddick, Hans-Eberhard/ Schoof, Dieter
Berufsorientierung in der Sekundarstufe I, in: Schoenfeldt, Eberhard, (Hg.), Polytechnik und Arbeit, Bad Heilbrunn 1979
Beinke, Lothar
Zur Geschichte der kaufmännischen beruflichen Bildung in Osnabrück, Osnabrücker Mitteilungen, 78. Band, 1970
Ders.,
Die Handelsschule, Düsseldorf 1971
Ders.
Die Notwendigkeit einer Theorie der Berufswahlvorbereitung, in: Pädagogische Rundschau, 31/1977/7
Ders.
Arbeitslehre in der Sekundarstufe II und Berufsfachbildung, in: Dedering, Heinz (Hg.), Lernen für die Arbeitswelt, Reinbek 1979
Ders. (Hg.)
Betriebserkundungen, Bad Heilbrunn 1980
Ders. (Hg.)
Die höhere Handelsschule als Teil des Bildungssystems in der BRD, Bad Honnef 1980
Ders.
Berufsorientierung und Peer-Groups, Bad Honnef 2005
Bendixen, Peter
Welche Konsequenzen ergeben sich für eine wirtschaftsberufliche Bildung angesichts des verengten Weltbildes der Ökonomie?, in: Fischer, Andreas/Steuber, Hartmut, Methodologie der Didaktik, Ffm. 2. Aufl.1982

Biedermann, J.G.
  Die technische Bildung im Kaiserthume Österreich, Wien 1894
Bley, Birgit
  Schlüsselqualifikation Kundenorientierung und Selbstorientierung in IT-Berufen, in: Wirtschaft und Berufserziehung, 2/2001
Bohnet, Armin
  Arbeitslosigkeit in Deutschland als soziales und ökonomisches Problem, in: Evers, Adalbert (Hg.), Sozialstaat, Gießener Diskurse, Gießen 1998
Büchner, Peter/de Haan, Gerhard/Müller-Daweke, Renate
  Von der Schule in den Beruf, München 1979
Dedering, Heinz (Hg.)
  Arbeitslehre in der Sekundarstufe II, Reinbek bei Hamburg
Dibbern, Harald/Kaiser, Franz-Josef/Kell, Adolf
  Berufswahlunterricht in der vorberuflichen Bildung, Bad Heilbrunn 1974
Dobischat, Rolf/Habel, Werner u.a.
  Schulentwicklungsplan für die Stadt und den Landkreis Osnabrück – berufsbildendes Schulwesen – 2004
Eckert, Manfred/Friese, Marianne
  Schwierige Lernsituation gestalten, in: Berufsbildung, 59/2005/93
Erpenbeck, John,
  Kompetenz und kein Ende?, in: Bulletin und Quem, Berlin 1/1996
Ders./Sauer, J.
  Das Forschungs- und Entwicklungsprogramm „Lernkulturkompetenzentwicklung", in: Erpenbeck
Fischer, Andreas
  Welche wirtschaftsberufliche Bildung wollen wir? In: ders. (Hg.), Ökonomische Bildung – Quo vadis?, Bielefeld 2006
Giesecke, Hermann
  Wozu ist die Schule da?, Stuttgart 1996
Grüner, Gustav
  Die Entwicklung der höheren technischen Fachschule, Braunschweig 1967
Holstein, Hermann
  Zur bildungstheoretischen Gründung der Realschule, in: Wollenweber, Horst (Hg.), Die Realschule, Band II, Paderborn 1979
Keiner, Edwin
  Unsicherheit-Ungewißheit-Entscheidung, in: Zeitschrift für Erziehungs-Wissenschaft, 2/2005/9
Keil-Slawik, R.
  Neues Lernen und neue Medien, in: Erpenbeck

Kell, Adolf
  Übergang vom Sekundarbereich I in den Sekundarbereich II, in: Bildung und Erziehung, 5/1977
Kloas, Peter-Werner
  Meilensteine auf dem Weg ins Berufsleben, in: Wirtschaft und Berufserziehung, 1/2006
Kühlewein, Claus/Ziebrritzki, Burkhardt
  Fortbildung und Weiterbildung, Haan-Gruiten 2003
Kühling, Karl
  100 Jahre kaufmännischer Verein Osnabrück, Osnabrück 1969
Lemberg, Eugen
  Die Rolle der Wirtschafts- und Sozialwissenschaften in unserem Bildungskanon, in: Dahrendorf/Ortlieb, Der zweite Bildungsweg im sozialen und kulturellen Leben der Gegenwart, Heidelberg 1959
Lempert, Wolfgang
  Die Zukunft der Lehre, in: Leistungsprinzip und Emanzipation, Frankfurt 1971
Lipsmeier, Antonius
  Von der Berufsfortbildung zur Erwachsenenbildung, in: Beinke, Lothar, (Hg.), Zwischen Schule und Berufsbildung, Bonn 1983
Löbner, Walther
  Bildungsziel und Bildungsaufgabe der zweijährigen Handelsschule, Ein geschichtlicher Aufriß: WuE 12/1956
Maifort, Barbara
  Berufsbildung im Humandienstleistungsbereich, in: Zwanzig Jahre Lehrerausbildung im Humandienstleistungsbereich an der Universität Osnabrück, Göttingen
Maskus, Rudi
  Geschichte und Theorie der Realschule, in: Wollenweber, Horst (Hg.), Die Realschule, Band I, Paderborn 1979
Meschenmoser, Helmut
  Azubis und Schüler, Lernen mit Gewinn, Erlebnis Arbeitswelt, Schule – Wirtschaft o.O., o.J.
Monsheimer, Otto
  Der Rahmenplan des Deutschen Ausschusses für das Erziehungs- und Bildungswesen im Blickpunkt der Berufsbildenden Schulen, in: Die deutsche Berufs- und Fachschule, 9/1959/55
Oberbach, J.
  Handelsschulen und höhere Handelsschulen, in: Bdb. BF. Nitschke, Paul G., Die zweijährige kaufmännische Berufsfachschule und die Möglichkeit ihrer Weiterentwicklung, in: WuE 1/1969

Oelkers, Jürgen
   Theorie der Erziehung, Weinheim/Basel 2001
Peege, Joachim
   Die Kaufmännische Schule in der pluralistischen Gesellschaft, Vortrag Saarbrücken 1967
Ders.
   Fachschulreife, Neustadt/Aisch 1967
Picot, Arnold/Neuburger, Rahild
   Veränderte Rahmenbedingungen – Ausgangspunkt für den betrieblichen Strukturwandel, in: Unterricht – Wirtschaft, 13/2003/4
Platte, Hans K. (Hg.)
   Das Projekt, Köln 1999
Rebhahn, Hans
   Förderung der Berufsbildung im Rahmen des neuen Betriebsverfassungsgesetzes, in: Berufliche Bildung, 9/1972
Retzmann, Thomas
   Systematik und Kasuistik der Berufsmoralischen Bildung in kaufmännischen Berufen, in: Fischer, Andreas, Ökonomische Bildung – Quo vadis?, Bielefeld 2006
Rummler, Dieter
   Allgemeine Trends in der Informationsgesellschaft, Vorlesungsmanuskript, Deggendorf 2000/20004
Schäffter, Ortfried
   Weiterbildung in der Transformationsgesellschaft, Berlin 1997
Schelten, Andreas
   Objektivistischer und konstruktivistischer Unterricht: Die berufsbildende Schule, 58/2006/2
Sembill, Detlef
   Einfältig, Zwiespältig, Dreifaltig und Vielfältig: Arbeits-, Berufs- und Wirtschaftspädagogik an der Schwelle des nächsten Jahrtausends, in: Didaktik der Berufs- und Arbeitswelt 4/1996
Staudt, Erich
   Kompetenz als Standortfaktor einer innovierenden Gesellschaft
Stehr, Nico
   Arbeit, Eigentum und Wissen, Frankfurt 1994
Steuber, Hartmut
   Methodologie der Didaktik, Frankfurt, 2. Auflage 1981
Szewczyk, Michael
   Management in berufsbildenden Schulen, Frankfurt 2005
Timm, A.
   Kleine Geschichte der Technologie, Stuttgart 1964

Weiß, Reinhold
  Demographische Herausforderung: Potentiale nutzen und Strukturen entwickeln!, in: Wirtschaft und Berufserziehung, 7/2006
Zieger, B.
  Handelsschule = Stichwort in: Enzyklopädisches Handbuch der Pädagogik, 4. Bd., Rein, W. (Hg.), 2. Aufl. Langensalza 2006
Zimmermann, Klaus F. (Hg.)
  Deutschland – und was nun?, München 2006

Die Autoren:

Dr. Lothar Beinke — Univ. Prof. em. lehrte zuletzt an der Universität Gießen Didaktik der Arbeitslehre und Erwachsenenbildung

Cornelia Frerichs — Dipl. Hdl., Schulleiterin der berufsbildenden Schulen am Pottgraben in Osnabrück

Dr. Michael Szewczyk — Schulleiter der berufsbildenden Schulen am Schölerberg in Osnabrück

Ralf Korswird
Christof Müller
Heiner Oortmann
Gerald Pfrötschner
Boris Schröder

alle Dipl. Hdl., Lehrer an den kaufmännischen berufsbildenden Schulen am Pottgraben oder am Schölerberg in Osnabrück.

Peter Lang · Europäischer Verlag der Wissenschaften

Lothar Beinke

Berufswahl und ihre Rahmenbedingungen

Entscheidungen im Netzwerk der Interessen

Frankfurt am Main, Berlin, Bern, Bruxelles, New York, Oxford, Wien, 2006.
168 S., 7 Tab.
ISBN 3-631-54760-9 · br. € 29.80*

Einen Beruf lebenslang auszuüben, beruht auf Voraussetzungen, die in der Gegenwart kaum noch als richtig akzeptiert werden können. Deshalb erhält die Berufswahl heute ein besonderes Gewicht. Bereits vor mehr als 40 Jahren war die volle Lebenserfüllung nur durch den Beruf zur Ausnahme geworden. Mehr als einen Beruf im Leben auszuüben, charakterisiert die Berufswahl als Prozeß bis zum lebenslangen Lernen. In diesen Prozeß greifen nicht mehr die Berufstraditionen der Eltern ein. Der Beruf ist vielmehr ein Konstrukt der Umwelt, der sich den Verhältnissen anpassen muß. In der Nachkriegszeit begannen die Strukturen der Wirtschafts- und Arbeitswelt Einfluß auf Bildung und Ausbildung zu nehmen.

Aus dem Inhalt: Berufe – Berufswahl · Geschichte der Berufswahl und ihrer Beratungsinstitutionen · Berufswahl als spezifisches Rollenverhalten und Informationsverarbeitung · Berufsorientierung in der Schule · Berufsvererbung · Berufsberater

Frankfurt am Main · Berlin · Bern · Bruxelles · New York · Oxford · Wien
Auslieferung: Verlag Peter Lang AG
Moosstr. 1, CH-2542 Pieterlen
Telefax 00 41 (0) 32/376 17 27

*inklusive der in Deutschland gültigen Mehrwertsteuer
Preisänderungen vorbehalten
Homepage http://www.peterlang.de